EM DIÁLOGO COM O SENHOR

Textos da pregação oral

JOSEMARIA ESCRIVÁ

EM DIÁLOGO COM O SENHOR

Textos da pregação oral

2ª edição

Tradução
José Lino Currás Nieto

QUADRANTE

São Paulo
2024

Título original
En diálogo con el Señor

Capa
Gabriela Haeitmann

Dados Internacionais de Catalogação na Publicação (CIP)

Josemaria Escrivá de Balaguer, Santo, 1902-1975
Em diálogo com o Senhor: textos da pregação oral / Josemaria Escrivá; tradução de José Lino Currás Nieto – 2ª ed. – São Paulo : Quadrante, 2024.

Título original: *En diálogo con el Señor.*
ISBN: 978-85-7465-586-4

1. Catolicismo 2. Josemaria Escrivá de Balaguer, Santo (1902-1975) - Sermãos 3. Meditação - Cristianismo 4. Oração 5. Pregação bíblica 6. Vida cristã I. Título.

CDD-251

Índices para catálogo sistemático:
1. Pregação : Cristianismo 251

QUADRANTE EDITORA
Rua Bernardo da Veiga, 47 - Tel.: 3873-2270
CEP 01252-020 - São Paulo - SP
www.quadrante.com.br / atendimento@quadrante.com.br

Sumário

O Autor

São Josemaria Escrivá nasceu em Barbastro (Espanha), no dia 9 de janeiro de 1902. Em 1918, começou os estudos eclesiásticos no Seminário de Logronho, prosseguindo-os no de São Francisco de Paula, em Saragoça. Entre 1923 e 1927, também cursou Direito na Universidade de Saragoça. Recebeu a ordenação sacerdotal em 25 de março de 1925. Iniciou o seu ministério sacerdotal na paróquia de Perdiguera, continuando-o em Saragoça.

Na primavera de 1927, mudou-se para Madrid, onde realizou um infatigável trabalho sacerdotal em todos os ambientes, nomeadamente entre os pobres e desvalidos dos bairros periféricos, e os doentes incuráveis e moribundos dos hospitais. Aceitou o cargo de capelão do Patronato dos Enfermos, trabalho assistencial das Damas Apostólicas do Sagrado Coração, e foi professor numa academia universitária, enquanto fazia o doutoramento em Direito.

No dia 2 de outubro de 1928, o Senhor fez-lhe ver o Opus Dei (Obra de Deus). Em 14 de fevereiro de 1930, compreendeu – por inspiração divina – que devia alargar o apostolado do Opus Dei às mulheres. Abria-se assim um novo caminho na Igreja, destinado a promover entre pessoas de todas as classes sociais a procura da santidade e o exercício do apostolado, mediante a santificação do trabalho de cada dia no meio do mundo. No dia 14 de fevereiro de 1943, fundou a Sociedade Sacerdotal da Santa Cruz, inseparavelmente unida ao Opus Dei; além de permitir a ordenação sacerdotal de membros leigos do Opus Dei e a sua incardinação ao serviço da Obra, a Sociedade Sacerdotal da Santa Cruz viria mais tarde a permitir que os sacerdotes incardinados nas dioceses pudessem participar do espírito e da ascética do Opus Dei, procurando a santidade no exercício dos seus deveres ministeriais, em dependência exclusiva do respetivo bispo. O Opus Dei foi erigido em prelatura pessoal – a forma jurídica prevista e desejada por São Josemaria Escrivá – no dia 28 de novembro de 1982, por São João Paulo II.

Em 1946, Mons. Escrivá transferiu-se para Roma, onde residiu até ao fim da vida e de onde estimulou e orientou a difusão do Opus Dei por todo o mundo, dedicando-se a dar aos homens e às mulheres da Obra, e a muitas outras pessoas, uma sólida formação doutrinal, ascética a apostólica. Por ocasião da sua morte, o Opus Dei contava mais de 60.000 membros, de 80 nacionalidades.

São Josemaria Escrivá faleceu em 26 de junho de 1975. Há vários anos que oferecia a Deus a sua vida pela Igreja e pelo Papa. O seu corpo repousa sob o altar da igreja prelatícia de Santa Maria da Paz, na sede central da Prelatura do Opus Dei. A fama de santidade que o Fundador do Opus Dei já tinha em vida foi-se estendendo, após a sua morte, por todos os cantos do mundo, como mostram os abundantes testemunhos de favores espirituais e materiais atribuídos à sua intercessão, entre os quais se contam algumas curas medicamente inexplicáveis. São João Paulo II canonizou Josemaria Escrivá no dia 6 de outubro de 2002.

Entre os seus escritos publicados, contam-se, além do estudo teológico-jurídico *La Abadesa de Las Huelgas*, livros de espiritualidade traduzidos para numerosas línguas: *Caminho*, *Santo Rosário*, *Cristo Que Passa*, *Amigos de Deus*, *Via Sacra*, *Sulco* e *Forja*. Sob o título *Entrevistas com Mons. Josemaria Escrivá*, foi igualmente publicao um conjunto de entrevistas que concedeu à imprensa. Em http://pt.escrivaworks.org e em http://opusdei.org, está disponível ampla documentação sobre São Josemaria.

Prólogo[1]

Agradeço ao Senhor a possibilidade de acrescentar estas linhas à edição deste novo livro com textos da pregação de São Josemaria. A origem desta publicação é muito significativa. Desde os começos da Obra, o Fundador dirigiu a palavra a grupos de pessoas muito diversas, para lhes transmitir o espírito que o Senhor lhe fez *ver* a 2 de outubro de 1928. Na sua pregação, servia-se dos modos habituais – homilias, meditações, práticas, sermões, etc. –, mas utilizou também outro modo específico e muito característico da sua parte: conversas de carácter familiar, ou tertúlias, nas quais – ao compasso das perguntas dos participantes – surgiam tópicos muito variados: temas espirituais, memórias da história do Opus Dei, notícias do apostolado, comentários sobre acontecimentos da atualidade, etc. Os assistentes assimilavam essa doutrina com gratidão e, por vezes, tomavam notas das suas palavras, para as rever com profundidade

---

1 Versão ligeiramente condensada do prólogo de Mons. Javier Echevarría à edição crítico-histórica deste livro: Luis Cano e Francesc Castells (ed. crítico-histórica), *En diálogo con el Señor*, Madrid, Editiones Rialp, 2017.

nos seus tempos de oração pessoal. Em algumas ocasiões, sobretudo nos últimos anos, aqueles encontros ficaram registados em fita magnetofónica.

Entre os anos de 1967 e 1975, depois de rever com atenção os textos recolhidos na presente edição, São Josemaria dispôs que viessem à luz nas publicações periódicas dirigidas aos fiéis do Opus Dei.

Quando, em 1986, teve início a sua causa da sua canonização, de entre os escritos de São Josemaria apresentados à Congregação para as Causas dos Santos – de acordo com as normas da lei eclesiástica –, constavam alguns registos da sua pregação oral, recolhidos entre 1954 e 1975. O facto de desta documentação ter sido integralmente revista pelo autor antes de ser posta à disposição dos fiéis da Obra sublinha ainda mais o seu valor.

Os tribunais constituídos em Roma e em Madrid para recolher as declarações das testemunhas da causa encarregaram quatro teólogos censores de proceder ao estudo e à avaliação das publicações de São Josemaria. Os relatórios ou *votos* destes especialistas ocupam uma parte considerável do volume introdutório da *Positio* apresentada à Congregação para as Causas dos Santos. De entre as conclusões desses teólogos, tenho a satisfação de recolher as seguintes citações: «Enxertado no tronco vivificante da Sagrada Escritura, apresenta a mensagem do valor santificador do trabalho, que coloca o nosso Autor à altura das grandes figuras da Tradição. Esses escritos constituem um riquíssimo património para a Santa Igreja». «Escrivá possui a força dos clássicos e a têmpera de um Padre da Igreja», acrescenta outro. E um terceiro: «[Estes textos] documentam os cumes da vida mística que atingiu desde muito jovem».

O meu predecessor como prelado do Opus Dei, Mons. Álvaro del Portillo, dispôs que esses textos da pregação oral – até então dispersos – fossem reunidos num único volume. Em 1995, foi possível pôr o livro nas mãos dos leitores. O título, *Em diálogo com o Senhor*, exprime bem o conteúdo e a finalidade desta catequese: ajudar a fazer oração pessoal, a falar com Jesus Cristo face a face, como repetia São Josemaria.

No prólogo que redigi para a edição anterior, afirmei que as exposições conservam a espontaneidade da linguagem falada, direta, profundamente evangélica, tão característica do Fundador do Opus Dei; algo que muitos estudiosos – críticos literários, teólogos, pastores da Igreja – comentaram de modo público e elogioso.

As palavras do Fundador do Opus Dei são cálidas, atrativas, com uma linguagem cuidada, seleta, mas natural e sem preciosismos; à semelhança do que afirma a Sagrada Escritura do profeta Elias, eram «ardentes como uma tocha» (Sir 48, 1), escrevi há vinte e dois anos, no prólogo já mencionado. Com efeito, as palavras de São Josemaria iluminavam-nos a inteligência e incendiavam-nos o coração, enchiam-nos de fortaleza e de profundo gozo no empenho pela glória de Deus e a salvação das almas.

Com a publicação deste livro, muitas outras pessoas – além dos fiéis do Opus Dei – poderão encontrar uma ajuda para tratar a Deus com confiança e afeto filial, seguindo a pauta que as frases de São Josemaria oferecem. A minha aspiração mais profunda é que quantos lerem e meditarem estes textos avancem dia a dia pelos caminhos da vida interior, da identificação com Jesus Cristo.

É isto que peço a Deus, recorrendo à intercessão da Virgem Maria e de seu Esposo, São José. Desejo que a consideração das conversas do Fundador do Opus Dei penetre na nossa alma e nos ajude a caminhar sempre pela via da santificação do trabalho profissional e da existência ordinária, como São Josemaria pregou incansavelmente desde o dia 2 de outubro de 1928.

Roma, 6 de outubro de 2016

Nota do editor

Os textos recolhidos nesta obra provêm da pregação oral de São Josemaria entre 21 de novembro de 1954 e 27 de março de 1975, a véspera das suas bodas de ouro sacerdotais, que tiveram lugar poucos meses antes do deu falecimento, ocorrido em 26 de junho de 1975.

Entre 1967 e 1975, depois de rever as transcrições das suas palavras, São Josemaria preparou estes textos para serem divulgados entre os membros do Opus Dei. O seu sucessor, o beato Álvaro del Portillo, reuniu-os num volume e, em 1995, já no tempo do prelado seguinte do Opus Dei, Mons. Echevarría, foram impressos com o título de *Em diálogo com o Senhor.*

Os textos que compunham esse volume, a que se juntaram mais dois, igualmente compostos por São Josemaria nos últimos anos da sua vida, foram publicados numa edição crítico-histórica (Rialp, 2017), organizada por Luis Cano e Francesc Castells por encomenda do Istituto Storico São Josemaria Escrivá. Essa edição é a referência, não só para os textos em si, mas também para o aprofundamento da história e do conteúdo dos mesmos.

Não é raro, ao longo da história da espiritualidade, palavras pronunciadas perante um auditório restrito terem posteriormente ampla divulgação, chegando mesmo a ser difundidas como clássicos de espiritualidade. Basta mencionar o exemplo de Santa Teresa de Ávila, cujos escritos às suas freiras tiveram, e têm ainda, influência universal.

Esta edição contém uma breve nota introdutória a cada texto, com a informação, nomeadamente, da ocasião em que as palavras de São Josemaria foram pronunciadas; o local é sempre o mesmo: Villa Tevere, em Roma, a casa onde Escrivá morava. Há também notas com a tradução de expressões que São Josemaria usa em latim, e outras a explicar o contexto ou o significado de algumas expressões utilizadas pelo Autor; para não multiplicar desnecessariamente estas anotações, o livro incluiu, no final, um glossário de termos, que pode ser útil às pessoas não familiarizadas com alguns conceitos utilizados nos escritos de São Josemaria ou na vida do Opus Dei.

Temas que São Josemaria desenvolve nestes textos

Os textos têm muitos pontos de contacto com as homilias publicadas pelo Autor, mas também há diferenças. As homilias foram sendo publicadas em momentos diferentes e posteriormente reunidas em dois volumes, e São Josemaria seguiu um plano unificador nesse processo de composição: com *Cristo Que Passa*, desejava percorrer o ano litúrgico, do Advento até à solenidade de Cristo Rei; em *Amigos de Deus*, pelo contrário, quis esboçar «um panorama das virtudes humanas e cristãs básicas»[1],

1 Álvaro del Portillo, «Apresentação», in Josemaria Escrivá, *Amigos de Deus*, Lisboa, Edições Prumo/Rei dos Livros, 1993, p. 13.

como explica o beato Álvaro del Portillo na apresentação a essa obra.

A realidade de *Em diálogo com o Senhor* é diferente: a sua composição não obedece a qualquer unidade de intenção, nem foi pensada uma possível estrutura ou um fio condutor; os diferentes textos foram aparecendo ao longo de cerca de oito anos, em publicações dirigidas aos membros do Opus Dei, sem um plano determinado. Quando, após a morte de São Josemaria, foram reunidos num volume para serem apresentado à causa de canonização e, nos anos 90, para serem dados a conhecer aos membros do Opus Dei, tampouco se pensou em os ordenar de acordo com um esquema temático; foram, muito simplesmente, ordenados cronologicamente.

Não foram selecionados textos que explicassem exaustivamente a mensagem de São Josemaria, mas os textos que o Fundador trabalhou e que tinham uma certa extensão e unidade interna. Todos eles foram dirigidos aos membros celibatários do Opus Dei, sacerdotes ou leigos, que se encontravam em Roma por motivos de governo ou de formação; São Josemaria falava-lhes, pois, do espírito da Obra como algo que já conheciam, exortando-os a levar uma vida santa, correspondendo ao chamamento de Deus que tinham recebido. Por isso, há numerosas referências a virtudes como a sinceridade, a docilidade e a humildade, que são úteis a todos os cristãos, mas mais ainda a pessoas que se encontravam num período mais intenso de formação espiritual, como era o caso dos alunos do Colégio Romano da Santa Cruz.

Outros temas estão relacionados com acontecimentos históricos que occoreram no mundo e na Igreja a partir de finais dos anos 70. As referências à crise religiosa que se abateu, não só sobre a Igreja Católica, mas sobre diversas confissões religiosas e sobre a sociedade inteira refletem um profundo sofrimento e, ao mesmo tempo, uma grande fortaleza para confirmar na fé àqueles que o escutavam.

No meio de um clima saturado de protestos e rebeldias de todo tipo, de numerosas defeções na vida sacerdotal ou religiosa, de oposição ao Magistério da Igreja e à autoridade em geral, numa altura em que começavam a tornar-se visíveis os efeitos destrutivos do relaxamento da disciplina eclesiástica em alguns setores e da banalização da liturgia, juntamente com a aceitação de interpretações dogmáticas e morais problemáticas, quando não abertamente contrárias à doutrina católica, a reação de São Josemaria foi muito sobrenatural: «Não é possível considerar estas calamidades sem sofrer. Estou certo, porém, filhas e filhos da minha alma, de que, com a ajuda de Deus, saberemos tirar delas abundante proveito e paz fecunda. Porque insistiremos na oração e na penitência. Porque crescerá em nós a certeza de que tudo se resolverá» (n. 103).

Na sua clarividência, não gostava de falar de «crise do pós-concílio», pois essa expressão implicava a admissão de um nexo, de uma relação de causa e efeito entre o Concílio Vaticano II e as desordens visíveis naqueles anos, que tanto o afligiam. Com um sorriso, costumava dizer que «estamos em época pós-conciliar desde cerca de trinta anos depois da morte do Nosso Senhor Jesus Cristo: desde o Concílio de Jerusalém»[2].

Numa entrevista de 1968, declarou que uma das suas maiores alegrias fora «ver o Concílio Vaticano II proclamar

---

2 Salvador Bernal, *Mons. Josemaría Escrivá de Balaguer. Apontamentos sobre a Vida do Fundador do Opus Dei*, Lisboa, Edições Prumo/ Editorial Áster, 1978, p. 258.

com grande clareza a vocação divina do laicado»[3]. Nos textos contidos neste volume, nunca imputa ao Concílio a turbulenta situação criada depois dele, que os historiadores atribuem a uma complexa combinação de causas, e cujas circunstâncias e manifestações são muito diferentes dos problemas que a Igreja atravessa hoje, embora não deixem de se observar nos nossos dias as consequências daquela situação que São Josemaria descreveu profeticamente há cinquenta anos.

A maior parte dos ensinamentos que aqui lemos tem utilidade para qualquer pessoa que deseje procurar a santidade no meio do mundo, obedecendo à exortação do Concílio Vaticano II. Por exemplo: «Temos de estar – e tenho consciência de vo-lo ter dito muitas vezes – sempre no Céu e na Terra. Não é *entre* o Céu e a Terra, porque somos do mundo, mas no mundo e no Paraíso ao mesmo tempo! Esta é a fórmula, por assim dizer, que exprimir de que modo devemos compor a nossa vida enquanto permanecemos *in hoc sæculo* [neste mundo]. No Céu e na Terra, endeusados; mas sabendo que somos do mundo e que somos terra» (n. 122).

Manifestamente, não é preciso ser do Opus Dei para tirar proveito espiritual de uma recomendação como esta; basta querer praticar uma intensa vida cristã no meio das realidades temporais, cultivando uma unidade de vida que permita manter a união com Deus e, ao mesmo tempo, ser do mundo.

Do mesmo modo, o Autor ensina que as circunstâncias normais da vida não devem afastar cada pessoa do diálogo constante com Deus; diz, por exemplo: «Deve-

3 *Entrevistas a São Josemaria, Fundador do Opus Dei*, Lisboa, Aletheia, 2019, n. 72.

mos ser, no mundo, no meio da rua, no meio do nosso trabalho profissional, cada um no seu, almas contemplativas, almas que estejam constantemente a falar com o Senhor, ante o que parece bom e ante o que parece mau; porque, para um filho de Deus, tudo se ordena ao nosso bem» (n. 55).

Nestas páginas, encontramos frequentes referências autobiográficas, que constituem uma fonte interessante para a vida do Fundador e a consciência que tinha da sua missão. São Josemaria exprimia frequentemente o seu assombro com a eficácia da Providência divina na história do Opus Dei; e sentia a necessidade de agradecer a Deus e de lhe pedir perdão. Por exemplo, na véspera do seu jubileu sacerdotal, três meses antes da sua morte, dizia: «Um olhar para trás... Um panorama imenso: tantas dores, tantas alegrias. [...] *Gratias tibi, Deus, gratias tibi*! A vida de cada um de nós tem de ser um cântico de ação de graças, porque... como se fez o Opus Dei? Foste Tu que o fizeste, Senhor, com quatro gatos pingados... "*Stulta mundi, infirma mundi, et ea quæ non sunt* [Deus escolheu o que é vil e desprezível do mundo, o que não é nada]" [1Cor 1, 28]. Toda a doutrina de São Paulo se cumpriu: procuraste meios completamente ilógicos, nada aptos, e estendeste o trabalho pelo mundo inteiro» (n. 120).

Vejamos agora algumas linhas fundamentais da mensagem que São Josemaria transmite nestes textos.

Identificação com Cristo

No começo deste volume, numa frase de 1954, o Autor explica em que consiste a vida cristã: «A nossa vocação é seguir a Cristo [...]. E segui-lo tão de perto que vivamos com Ele, [...] que nos identifiquemos com Ele, que vivamos a sua vida» (n. 1). Cristo está no centro do caminho de santidade que propõe e que consiste em segui-lo, amá-lo, partilhar a sua vida, identificar-se com Ele na existência quotidiana, civil e secular, ser *alter Christus* (outro Cristo), mais ainda, *ipse Christus* (o próprio Cristo). Cristo chama e solicita a cada pessoa uma resposta livre a esse chamamento.

Nos ensinamentos de São Josemaria, o amor a Cristo não aparece como um postulado teórico, mas espraia-se num trato afetuoso com a humanidade santíssima de Jesus, com o Jesus de carne e osso, Deus e Homem verdadeiro. Escrivá fala dele e com Ele como se fala com um amigo, com um irmão muito querido; não ama uma ideia, um dogma ou uma personagem da história e o seu carinho também não resulta de um esforço artificial. É afeto por uma Pessoa concreta, que contempla nos seus principais mistérios: o nascimento, a vida oculta em Nazaré, a vida pública, a Paixão e a cruz – e, naturalmente, a eucaristia, onde O ama da maneira mais intensa.

O Evangelho é a sua principal fonte de meditação e de pregação. O beato Álvaro del Portillo, que tantas vezes o ouviu pregar, dizia que «nunca procurou ser original, porque estava convencido de que a palavra de Deus é sempre nova e conserva intacta a sua irresistível força de atração, se é proclamada com fé. Nos seus lábios, o Evangelho não era nunca um texto erudito ou uma fonte de meras citações ou lugares-comuns»[4]; e prosseguia: «pôs de relevo aspetos novos, que tinham passado despercebi-

---

4 Cesare Cavalieri, *Álvaro del Portillo, Entrevista sobre o Fundador do Opus Dei*, São Paulo, Quadrante, 1994, p. 152.

dos durante séculos»[5]. «Para chegarmos a Deus», afirmava, por sua vez, São Josemaria, «temos de enveredar pelo caminho adequado, que é a humanidade santíssima de Cristo» (n. 40).

A filiação divina e o amor a Deus

Outro tema central desta obra é a experiência da filiação de Deus Pai e a confiança com o Espírito Santo. São Josemaria propõe uma vida espiritual cristocêntrica e, ao mesmo tempo, profundamente trinitária. O seu relacionamento amoroso com as três Pessoas divinas aparece ligado à sua veneração pela Sagrada Família de Jesus, Maria e José; mais ainda, fala de um itinerário que vai da *trindade* da Terra à Trindade do Céu.

Especialmente notório é o seu sentido da filiação a Deus Pai, que considerava fundamental na vida cristã e que é uma componente fundacional do Opus Dei. Em 1967, por exemplo, dizia: «Deus quis que fôssemos seus filhos. Não estou a inventar nada quando vos digo que a filiação divina é parte essencial do nosso espírito: está tudo na Sagrada Escritura. É verdade que, numa data da história interna da Obra, houve um momento preciso em que Deus quis que nos sentíssemos seus filhos, que integrássemos a filiação divina no espírito do Opus Dei. Sabê-lo-eis a seu tempo. Deus quis que o Opus Dei fosse a primeira instituição da história da Igreja a viver esta filiação corporativamente» (n. 46).

Dois anos depois, em 1969, referiu-se àquele acontecimento com mais detalhe: «Aprendi a chamar Pai, no

---

5 *Ibid.*, p. 151.

pai-nosso, desde menino; mas sentir, ver, admirar esse querer de Deus de que sejamos seus filhos..., foi na rua, num elétrico – durante uma hora, hora e meia, não sei: *Abba, Pater!*, tive de gritar. [...] Naquele dia, Ele quis de uma maneira explícita, clara, categórica, que, comigo, vos sentísseis sempre filhos de Deus, desse Pai que está nos Céus e que nos dará o que pedirmos em nome de seu Filho» (n. 56).

Como consequência, a sua pregação fala da vocação ao Opus Dei como uma existência imbuída de confiança em Deus, cheia de paz e de alegria. Nada mais distante do seu pensamento que uma vida cristã agitada, angustiada pelas dificuldades ou por um mal entendido perfecionismo, e muito menos atormentada. Pelo contrário, paz e serenidade, ante os acontecimentos e ante as próprias debilidades.

A oração e a vida contemplativa

Um tema ao qual São Josemaria dedica bastantes parágrafos é o da oração e da vida contemplativa. E o que é a oração para o Autor? É uma «conversa amorosa com o Amor eterno» (n. 8); uma «tertúlia» (n. 73) com Deus, feito com simplicidade, «como se conversa com um irmão, com um amigo, com um pai» (n. 9).

Embora não seguisse um método próprio e promovesse uma grande liberdade interior na oração[6], é possível

---

6 «Cada um de vós, se quiser, pode encontrar o caminho que lhe for mais propício para este colóquio com Deus. Não me agrada falar de falar de métodos nem de fórmulas, porque nunca fui amigo de espartilhar ninguém»: *Amigos de Deus*, *op. cit.*, n. 249

reconhecer na sua oração um esquema, que se repete com alguma frequência:

– começa com uma breve oração preparatória, que reza devagar, sopesando as palavras[7];

– terminada a preparação, toma quase sempre como ponto de partida uma passagem bíblica ou um texto litúrgico;

– quando o texto provém do Evangelho, recorre à imaginação para representar a cena de uma maneira viva, como se fosse um filme ou uma peça teatral;

– com frequência, introduz-se na cena como se fosse uma personagem entre outras, escolhendo um papel inspirado na vida de infância espiritual, que o faz ver-se como uma criança ou outro ser ingénuo e humilde (um burrinho, um cãozinho fiel, etc.);

– em consequência desse processo intelectual, muito rápido e intuitivo, espraia-se em atos de amor a Deus, especialmente à santíssima humanidade de Jesus Cristo e a Maria e José, a *trindade* da Terra;

– como resultado destas reflexões, surgem desejos, propósitos de melhora e atos de contrição, bem como ações de graças e petições;

– termina o tempo da meditação, que costuma ser de meia hora, com uma petição, sempre a mesma, simétrica da do início.

---

7 A fórmula era sempre a mesma, não sendo recolhida nas transcrições por já ser muito conhecida.

Vejamos um exemplo onde se pode reconhecer essa estrutura, retirado de um comentário ao mistério da Epifania: «Os magos chegaram a Belém. [...] Meus filhos, aproximemo-nos do grupo constituído pela *trindade* da Terra, Jesus, Maria e José. Eu ponho-me num cantinho; não me atrevo a aproximar-me de Jesus, porque vejo levantarem-se todas as minhas misérias, as passadas e as presentes. Tenho vergonha, mas também percebo que Cristo Jesus me lança um olhar de carinho. Então aproximo-me de sua Mãe e de São José, o homem, ignorado durante séculos, que Lhe serviu de pai na Terra, e digo a Jesus: Senhor, quero ser teu de verdade, quero que os meus pensamentos, as minhas obras e todo o meu viver sejam teus. Mas bem vês que esta pobre miséria humana me faz andar dum lado para o outro tantas vezes. [...] Diante do Senhor e, sobretudo, diante do Senhor Menino, inerme, necessitado, tudo será pureza; e verei que, se por um lado tenho, como todos os homens, a possibilidade brutal de O ofender, de ser um animal, por outro lado isso não é uma vergonha se nos servir para lutar, para expressarmos o nosso amor; se for ocasião para aprendermos a tratar de modo fraterno todos os homens, todas as criaturas. Temos de fazer continuamente atos de contrição, de reforma, de melhora» (n. 62 e 63).

Outro tema fundamental nestas páginas é a contemplação ao longo do dia: «Os filhos de Deus no seu Opus Dei devem ser contemplativos, almas contemplativas no meio do mundo», afirma, e manter «uma contínua vida de oração, de manhã até à noite e da noite até de manhã» (n. 5).

A procura do amor na vida ordinária

Embora, para São Josemaria, fosse importante progredir nas virtudes e lutar contra as más inclinações, neste livro parece insistir mais na correspondência à graça, na contemplação e na procura do amor de Deus na vida ordinária. Talvez por isso, refere-se a «esta nossa ascética, que é mística» (n. 77). Alguns anos antes, perguntava-se: «Ascética? Mística? Não saberia dizer» (n. 41); agora parece afirmar que a luta por amor a Deus – a ascética – é já união mística com Deus, precisamente porque é um ato de amor.

É necessário, sem dúvida, um empenhamento sério, uma «determinada determinação»[8], como diria Santa Teresa de Ávila, para nunca desistir, para avançar continuamente, evitando desvios do caminho que leva ao Céu. Por isso, São Josemaria observa: «Sou muito amigo da palavra "caminho", porque todos somos caminhantes, com os olhos voltados para Deus; somos *viatores*, avançamos em direção ao Criador desde que chegámos a este mundo. Uma pessoa que empreende um caminho tem um fim claro, um objetivo: quer ir de um sítio para outro; e, em consequência, emprega todos os meios para chegar incólume a esse fim, com a pressa suficiente, procurando não se desviar por atalhos laterais, desconhecidos, onde há perigo de barrancos e de feras. Vamos caminhar seriamente, meus filhos! Devemos pôr nas coisas de Deus e das almas o mesmo empenho que os outros põem nas coisas da Terra: um grande desejo de ser santos» (n. 68).

---

8 Teresa de Ávila, *Caminho de Perfeição*, 21, 2.

A humildade do barro

Também se pode falar de uma «ascética do barro», porque São Josemaria utiliza muito essa imagem, a que atribui diferentes significados: humildade, docilidade, consciência da própria fragilidade, possibilidade de se recompor – como a louça partida – depois de uma queda, etc.

São Josemaria emprega a imagem do vaso de cerâmica, que vai buscar ao Novo Testamento, para se referir à humildade: «Lembrar-vos-ei, com São Paulo, para que nunca sejais apanhados de surpresa, que trazemos este tesouro em vasos de barro: «*habemus autem thesaurum istum in vasis fictilibus*» (2Cor 4, 7), num recipiente tão frágil que se pode partir com facilidade [...]. Temos de manter o vaso íntegro, para que esse licor divino não se derrame» (n. 95). A argila, uma vez cozida no forno, adquire grande consistência; mas essa dureza esconde uma grande fragilidade. Para Escrivá, a luta interior deve prever esse perigo, com uma vigilância atenta. E se, apesar de tudo, a peça de cerâmica se quebrar, recorda que pode recompor-se e continuar a servir.

Um dos meios que Deus nos oferece para remediar a nossa fragilidade é a confissão: «Meus filhos, escutai o vosso Padre: não há melhor ato de arrependimento e de desagravo que uma boa confissão. Aí, recebemos a fortaleza de que precisamos para lutar, apesar dos nossos pobres pés de barro» (n. 86).

Para Escrivá, a humildade é produtiva, pois evita os dois extremos de infecundidade a que a soberba conduz: ficar deprimido com as próprias misérias e vangloriar-se com os êxitos. «Porque desta maneira perceberemos que todas as coisas grandes que o Senhor quer fazer através da nossa miséria são obra sua. [...] Portanto, não nos devemos admirar [...] se sentirmos ferver as paixões – é lógico que isso aconteça, não somos uma parede –, nem se o Senhor operar maravilhas pelas nossas mãos, pois isso também é uma coisa habitual» (n. 69).

Formação e caridade fraterna

Entre os temas que mais trata – tendo presente que, em muitos casos, os ouvintes eram alunos do Colégio Romano da Santa Cruz –, conta-se a necessidade da formação e da caridade fraterna. Na primeira meditação recolhida neste volume, pronunciada em 1954, o Fundador recorda por que razão a formação doutrinal é absolutamente necessária: «Os fins que nos propomos alcançar corporativamente são a santidade e o apostolado. E, para alcançarmos estes fins, precisamos acima de tudo de formação. Para a nossa santidade, doutrina; e para o apostolado, doutrina. E, para a doutrina, tempo, em lugar oportuno, com os meios oportunos. Não esperemos receber iluminações extraordinárias de Deus, que não tem nada que no-las conceder quando nos proporciona meios humanos concretos: o estudo e o trabalho. Tendes de vos formar, tendes de estudar. Desta maneira, preparais-vos para a vossa santidade atual e futura, e para o apostolado, de olhos postos nos homens» (n. 3).

No contexto da vida do Opus Dei, fala bastante da grande compreensão e do carinho, que é verdadeiro afeto de família, que deve existir entre os membros da Obra: «Compreendei-vos, desculpai-vos, amai-vos, vivei com a certeza de estardes sempre nas mãos de Deus [...]. Nunca vos sintais sós, mas sempre acompanhados, e estareis sempre firmes; com os pés no chão e o coração lá em cima, para saberdes seguir o que é bom» (n. 79).

Essa caridade, humana e sobrenatural ao mesmo tempo, deve estender-se a todos, incluindo aquelas pessoas que parecem estar mais afastadas da Igreja ou da prática cristã: «Caridade, meus filhos, com todas as almas. [...] Temos de procurar que, por meio da amizade, as pessoas que estão erradas abandonem o erro; temos de as tratar com carinho, com alegria» (n. 6).

Viver para a glória de Deus

(21 de novembro de 1954)[1i]

«*Emitte lucem tuam et veritatem tuam*»[2]: envia, Senhor, a tua luz e a tua verdade. 1

Meus filhos, a nossa vocação é seguir a Cristo: «*Venite post me et faciam vos fieri piscatores hominum*»[3]. E segui-lo tão de perto que vivamos com Ele, como os primeiros Doze; tão de perto que nos identifiquemos com Ele, que vivamos a sua vida, até chegar o momento em que, se não tivermos posto obstáculos, possamos dizer com São Paulo: «Não sou eu que vivo, é Cristo que vive em mim»[4].

Que alegria tão grande é sentirmo-nos metidos em Deus! Endeusados! E, ao mesmo tempo, que felicidade é também notarmos toda a pequenez, toda a miséria, toda a debilidade da nossa pobre natureza terrena, com as suas fraquezas e os seus defeitos! Por isso, quando Cristo nos fala por meio de parábolas, como aos primeiros, muitas vezes não O entendemos, e temos de fazer nossa a súplica

---

1 [i] Notas de uma meditação pregada numa recolecção mensal do Colégio Romano da Santa Cruz (N. do E.).

2 Sl 42, 3.

3 Mt 4, 19: «Vinde comigo e farei de vós pescadores de homens».

4 Gal 2, 20.

dos apóstolos: «*Edissere nobis parabolam*!»[5]: Senhor, explica-nos a parábola!

2 Com Cristo, na barca de Pedro

Quando fazes oração, meu filho – não me refiro agora a essa oração contínua, que abarca o dia inteiro, mas aos dois tempos que dedicamos exclusivamente a conversar com Deus, bem desligados de todas as coisas externas –, quando começas essa meditação, frequentemente – dependerá de muitas circunstâncias – representas a cena ou o mistério que desejas contemplar; depois, aplicas o entendimento e procuras estabelecer um diálogo cheio de afetos de amor e de dor, de ações de graças e de desejos de melhora. Por esse caminho, deverás chegar a uma oração de quietude, na qual é o Senhor quem fala, e tu escutas o que Deus te diz. Como se notam então as moções interiores e as reconvenções, que enchem a alma de ardor!

Para facilitar a oração, convém materializar o que é mais espiritual, recorrer a parábolas: é um ensinamento divino. A doutrina deve chegar à nossa inteligência e ao nosso coração pelos sentidos; e já não estranharás que eu goste tanto de vos falar de barcas e de mares.

Meus filhos, nós subimos para a barca de Pedro com Cristo, para esta barca da Igreja, que tem uma aparência frágil e desconjuntada, mas que nenhuma tormenta pode fazer naufragar. E, na barca de Pedro, tu e eu temos de pensar devagar, devagar: Senhor, para que subi eu para esta barca?

---

5 Mt 12, 36.

Esta pergunta tem um conteúdo particular para ti desde que subiste à barca, a esta barca do Opus Dei, porque te deu na gana, que me parece a mais sobrenatural das razões. Amo-Te, Senhor, porque me dá na gana amar-Te; podia ter entregado este pobre coração a uma criatura... e não! Ponho-o inteiro, jovem, vibrante, nobre, limpo, aos teus pés... porque me dá na gana!

Com o coração, também deste a Jesus a tua liberdade, e os teus fins pessoais tornaram-se muito secundários. Podes circular com liberdade dentro da barca, com a liberdade dos filhos de Deus[6] que estão na verdade[7], cumprindo a vontade divina[8]. Mas não podes esquecer que tens de permanecer sempre dentro dos limites da barca. E isto porque te deu na gana. Repito o que vos dizia ontem ou anteontem: se saíres da barca, cairás entre as ondas do mar, irás para a morte, perecerás afogado no oceano, e deixarás de estar com Cristo, perdendo esta companhia que aceitaste voluntariamente, quando Ele ta ofereceu[9ii].

Pensa, meu filho, como é grato a Deus nosso Senhor o incenso que se queima em sua honra. Pensa o pouco que valem as coisas da Terra, que mal começam e logo

6 Cf. Rom 8, 21.

7 Cf. Jo 8, 32.

8 Cf. Mt 7, 21.

9 [ii] Neste parágrafo e nos seguintes, São Josemaria serve-se da imagem da barca para se referir, na realidade, a duas *barcas*: a da Igreja e a da Obra. Abandonar a Igreja significa pôr em grave perigo a própria salvação, ao passo que deixar a Obra não tem esse efeito, a não ser que implique sair da barca da Igreja, ou desprezar conscientemente a vontade de Deus, conhecida como tal. Em ambos os casos, a pessoa está sempre a tempo de voltar a estar com Cristo, como diz mais adiante (N. do E.).

acabam. Pensa que nós, os homens, somos nada: «*Pulvis es, et in pulverem reverteris*»[10], voltaremos a ser como o pó do caminho. Mas o extraordinário é que, apesar disso, não vivemos para a Terra, nem para a nossa honra, mas para a honra de Deus, para a glória de Deus, para o serviço de Deus. É isso que nos impele!

Portanto, se a tua soberba te sussurra: com os teus talentos extraordinários, aqui passas despercebido..., aqui não vais dar todo o fruto que poderias..., vais ser um frustrado, vais esgotar-te inutilmente..., tu, que subiste para a barca da Obra porque te deu na gana, porque Deus te chamou inequivocamente – «ninguém pode vir a Mim, se o Pai que Me enviou não o atrair»[11] –, deves corresponder a essa graça queimando-te, fazendo com que o nosso sacrifício feito com gosto, a nossa entrega, seja uma oferenda, um holocausto!

Meu filho, já te persuadiste, com esta parábola, de que, se queres ter vida, e vida eterna, e honra eterna, se queres a felicidade eterna, não podes sair da barca, e tens de prescindir, em muitos casos, dos teus fins pessoais. Eu não tenho outro fim senão o corporativo: a obediência.

Que bonito é obedecer! Mas continuemos com a parábola. Já estamos nesta barca velha, que navega há vinte séculos sem se afundar; nesta barca da entrega, da dedicação ao serviço de Deus; e, nesta barca pobre e humilde, tu lembras-te de que tens um avião, que sabes pilotar na perfeição, e pensas: eu posso chegar muito longe! Pois vai-te embora, vai para um porta-aviões, porque aqui não precisamos do teu avião! Tende isto muito claro: a nossa

---

10 Missal Romano, Quarta-Feira de Cinzas, antífona: «Lembra-te de que és pó e ao pó hás de voltar».

11 Jo 6, 44.

perseverança é fruto da nossa liberdade, da nossa entrega, do nosso amor, e exige uma dedicação completa. Dentro da barca, não podemos fazer o que nos apetece. Se toda a carga que vai nos porões se amontoasse num mesmo ponto, a barca afundava-se; se todos os marinheiros abandonassem a sua tarefa concreta, a pobre barquinha perdia-se. A obediência é necessária, e as pessoas e as coisas devem estar onde foi decidido que estivessem.

Meu filho, convence-te duma vez para sempre, convence-te de que sair da barca é a morte. E de que, para estar na barca, é necessário render o juízo. É necessário um profundo trabalho de humildade: entregar-se, queimar-se, fazer-se holocausto.

Para servir com eficácia 3

Prossigamos. Os fins que nos propomos alcançar corporativamente são a santidade e o apostolado. E, para alcançarmos estes fins, precisamos acima de tudo de formação. Para a nossa santidade, doutrina; e para o apostolado, doutrina. E, para a doutrina, tempo, em lugar oportuno, com os meios oportunos. Não esperemos receber iluminações extraordinárias de Deus, que não tem nada que no-las conceder quando nos proporciona meios humanos concretos: o estudo e o trabalho. Tendes de vos formar, tendes de estudar. Desta maneira, preparais-vos para a vossa santidade atual e futura, e para o apostolado, de olhos postos nos homens.

Já vistes como preparam a levedura, como a preservam a determinada temperatura, para depois a meter na massa? Conto convosco como com um motor potente, para pôr em movimento o trabalho em todo o mundo. Nenhum de vós é ineficaz; todos estais cheios de eficácia pelo simples facto de cumprides as normas, de estudardes, trabalhardes e obedecerdes.

Não entendo quase nada dessas coisas do material atómico, e o que sei, conheço-o pelos jornais. Mas vi fotografias, e sei que o enterram, se for preciso, a muitos metros de profundidade, que o tapam com grandes placas de chumbo e o guardam dentro de grossas paredes de cimento; e, no entanto, ele atua, levam-no dum lado para o outro, aplicam-no a pessoas para curar tumores, empregam-no noutras coisas, e ele atua de mil modos maravilhosos, com uma eficácia extraordinária. Assim sois vós, meus filhos, quando estais dedicados ao trabalho interno, ou nos centros de formação da Obra. Sois mais eficazes, porque tendes a eficácia de Deus quando vos endeusais pela vossa entrega, como Cristo, que Se aniquilou a Si mesmo[12]. E nós aniquilamo-nos, aparentemente perdemos a nossa liberdade, mas tornamo-nos libérrimos, com a liberdade dos filhos de Deus[13].

Formação, portanto, para dar doutrina e para a vossa santidade pessoal. Formação com o tempo necessário, no lugar oportuno, com os meios oportunos; mas de olhos postos no universo inteiro, na humanidade inteira, pensando em todas as almas. E, quando os vossos irmãos estiverem a abrir caminhos em novos países, não se sentirão sozinhos, porque daqui, de dentro destas paredes que parecem de pedra e são de amor, vós estareis a enviar-lhes toda a eficácia da vossa santidade e da vossa entrega, fazendo com que esses vossos irmãos se sintam muito acompanhados. E depois, chegará o momento de

12 Cf. Fil 2, 7.
13 Cf. Rom 8, 21.

vos dizer: «*Ite, docete omnes gentes*»[14]: ide e ensinai todos os povos. Apostolado da doutrina – em primeiro lugar com o vosso exemplo –, no meio do trabalho profissional. Com que alegria vos direi umas palavrinhas quando vos fordes embora!

Filhos da minha alma, sabeis que o Padre ama muito a liberdade. Não gosto de coagir, nem de que as almas sejam coagidas. Nenhum homem deve tirar aos outros a liberdade, que Deus nos concedeu como um dom. E, se é assim, não serei certamente eu a coagir-vos. Pelo contrário! Eu sou o defensor da liberdade de cada um de vós dentro da barca..., dentro da barca e sem avião.

Mas está a passar o tempo, e ainda gostaria de vos falar de outras coisas.

O sal do sacerdócio 4

O nosso Opus Dei é eminentemente laical, mas os sacerdotes são necessários. Até há pouco tempo, amando como amo o sacerdócio, cada vez que um dos vossos irmãos se ordenava, eu sofria[15iii]. Agora, pelo contrário, dá-me muita alegria. Mas há de ser sem coação, com uma liberdade absoluta. Não desagrada a Deus que um filho meu não queira ser sacerdote. Além disso, são necessários muitos leigos, santos e doutos. Portanto, os que são

---

14 Mt 28, 19.

15 [iii] Num primeiro momento, São Josemaria sofria pelo facto de essas pessoas abandonarem o estado laical ao qual tinham sido chamadas por Deus para se santificarem no Opus Dei. Mas esse sofrimento era compensado pelo grande dom que cada novo sacerdote é para a Igreja, pois o sacerdócio é outro chamamento divino, ainda mais excelso (N. do E.).

chamados ao sacerdócio gozam de uma liberdade completa até ao próprio dia, até ao próprio momento da ordenação. – Padre, não. Muito bem, meu filho. Deus te abençoe. Não me dá nenhum desgosto.

No entanto, precisamos de muitos sacerdotes, que sirvam como escravos, alegremente, as suas irmãs e os seus irmãos, e essas vocações encantadoras que são os sacerdotes diocesanos. São necessários para o trabalho de São Rafael e para o trabalho de São Gabriel, para atender no terreno sacramental todos os membros da Obra, para ajudar esses grandes exércitos de cooperadores, que, se forem formados como deve ser, serão muito mais eficazes – já estão a ser – do que todas as associações piedosas conhecidas. Sem sacerdotes, porém, não é possível.

A Obra tem-se estendido pelo mundo de maneira prodigiosa. Senhor, sinto-me confundido! Não é fácil, não se recorda um único caso em que alguém tenha começado a trabalhar numa obra tua e tenha visto, aqui na Terra, as maravilhas que eu vejo, em extensão, em número, em qualidade.

Precisamos de sacerdotes para o proselitismo[16iv]. Porque, embora o grande trabalho seja feito pelos leigos, a certa altura deparamos com o *muro sacramental* e, se tivéssemos de recorrer a clérigos que não têm o nosso espírito – uns porque não saberiam, outros porque não quereriam –, todo o trabalho ficaria dificultado.

---

16 [iv] Este termo, que foi utilizado durante muitos anos como sinónimo de cristianização, de evangelização ou de missionação, tem em São Josemaria um significado preciso, inspirado no Evangelho e na Tradição da Igreja: contagiar e provocar noutras pessoas, com um delicado respeito pela liberdade, o desejo de se entregarem pessoalmente ao serviço de Jesus Cristo (N. do E.).

Também precisamos de sacerdotes para o governo da Obra. Poucos, porque os cargos locais estão nas mãos dos meus filhos leigos, bem como dois terços dos cargos do Conselho Geral e das comissões regionais; o restante serão sacerdotes que tenham trabalhado muito, que conheçam o *modus faciendi* do nosso apostolado em todo o mundo. Chegará um momento em que os vossos irmãos que foram começar o trabalho em muitos países voltarão à base, e formar-se-ão grupos diretivos, que, com a sua santidade pessoal e com a sua experiência, deterão com muito brio as rédeas do governo.

Precisamos de sacerdotes como instrumentos de unidade. Portanto, o sacerdote deve ter especial cuidado para não formar igrejinhas. Tem de estar desapegado das almas! Eu não tive quem mo ensinasse – não tive um Padre como vós tendes –, era o Senhor que me indicava que evitasse sempre tornar as coisas pessoais, mesmo antes de saber o que Deus queria de mim. Por vezes, aconselhava as pessoas que vinham ao meu confessionário: vai a outro sacerdote, hoje não te confesso. Fazia-o para *arejarem*, para não se apegarem, para que não recorressem ao sacramento por afeto à criatura, mas por motivos divinos, sobrenaturais, por amor a Deus.

Contemplativos e serenos 5

Filho, nunca penses em ti. Foge da soberba de imaginar que és aquilo a que na minha terra se chama *el palico de la gaita*[17*]. Quando não te lembrares de ti, estarás a fa-

17 * Um dos tubos da gaita de foles, que se destaca acima da cabeça do gaiteiro; expressão que se aplica às pessoas que se julgam o centro do mundo (N. do T.).

zer um bom trabalho. Não podemos julgar-nos o centro, pensando que tudo tem de girar à nossa volta. E o pior é que, se caíres nesse defeito, quando te disserem que és soberbo, não acreditarás; porque, enquanto o humilde se julga soberbo, o soberbo julga-se humilde.

Olho para vós, meus filhos... Que alegria quando chegar o momento de ensinares aos teus irmãos que os filhos de Deus no seu Opus Dei devem ser contemplativos, almas contemplativas no meio do mundo! Tendes de manter uma contínua vida de oração, de manhã até à noite e da noite até de manhã. Da noite até de manhã, Padre? Sim, filho, também enquanto dormes.

Tu admiras, tal como eu, a vida silenciosa desses homens que se encerram num velho convento, ocultos nas suas celas; é uma vida de trabalho e de oração. Quando, uma vez por outra, faço uma visita aos cartuxos, saio de lá edificado e com muita estima por eles. Compreendo a sua vocação, o seu afastamento do mundo, e alegro-me por eles, mas... enquanto estou lá dentro, sinto uma grande tristeza. Logo que volto para a rua, digo a mim mesmo: a minha cela, esta é a minha cela! A nossa vida é tão contemplativa quanto a deles. Deus dá-nos os meios para que a nossa cela – o nosso retiro – esteja no meio das coisas do mundo, no interior do nosso coração. E passamos o dia – se tivermos adquirido a nossa formação específica – num contínuo diálogo com Deus.

Cristo, Maria, a Igreja: três amores para preencher uma vida. Maria, tua Mãe – ia sair-te *mamã*; não te importes, di-lo também –, com São José e com o teu anjo da guarda.

Ensinarás os teus irmãos a serem contemplativos e serenos. Ainda que o mundo se afunde, ainda que tudo se perca, ainda que tudo se parta..., nós não. Se formos fiéis, teremos a fortaleza da pessoa que é humilde, porque vive identificado com Cristo. Meus filhos, nós somos o permanente; o resto é transitório. Não acontece nada!

Padre, e se me derem dois tiros? Santa coisa! Não é o nosso caminho, mas aceitaríamos a graça do martírio como um mimo de Deus, não para nós, mas para a nossa família do Opus Dei, a fim de que nem sequer nisso sejamos vencidos pela soberba. Não nos faltará esse mimo..., mas poucas vezes, porque não é o nosso caminho.

Na vida ordinária 6

Serenos! Procuremos que não nos falte sentido de responsabilidade, conscientes de que somos elos de uma mesma corrente. Portanto – temos de o dizer de verdade, cada um dos filhos de Deus na sua Obra –, quero que este elo que sou eu não se quebre; porque, se quebrar, atraiçoo a Deus, a Santa Igreja e os meus irmãos.

E alegrar-nos-emos com a fortaleza dos outros elos; alegrar-me-á que haja elos de ouro, de prata, de platina, engastados em pedras preciosas. E, quando parecer que me vou partir, porque fui afetado pelas paixões; quando parecer que um elo se está a partir..., tranquilos! Ajudamo-lo, para que prossiga com mais amor, com mais dor, com mais humildade.

Dirás aos teus irmãos que devem ser contemplativos e serenos, com sentido de responsabilidade na vida quotidiana, porque o nosso heroísmo exerce-se no que é pequeno. Nós procuramos a santidade no trabalho ordinário, quotidiano.

Dir-lhes-ás também que devem viver a caridade, que é carinho. «*Deus caritas est*»[18]: o Senhor é amor. Carinho pelos vossos irmãos, carinho especialíssimo pelos vossos diretores, ajudando-os, também com a correção fraterna. Tendes todos os meios para dizer a verdade, sem ferir, de modo que seja sobrenaturalmente útil. Pergunta-se: posso fazer esta correção fraterna? Podem responder-te que não convém, porque não se trata de uma coisa objetiva, ou porque já houve outro que a fez, ou porque não há motivo suficiente, ou por outras razões. Se te responderem que sim, fazes a correção fraterna imediatamente, cara a cara, porque a murmuração não tem lugar na Obra, não pode ter, nem sequer a indireta; a murmuração indireta é própria de pessoas que têm medo de dizer a verdade.

Há um refrão que adverte: «Quem diz as verdades perde as amizades». No Opus Dei, é ao contrário: aqui, diz-se a verdade, por motivos de carinho, a sós, na cara; e todos nos sentimos felizes e seguros, com as costas bem guardadas. Nunca tolereis a menor murmuração, e muito menos se for contra um diretor.

Caridade, meus filhos, com todas as almas. O Opus Dei não é contra ninguém, não é anti nada. Não podemos andar de braço dado com o erro, porque isso poderia dar ocasião a que se apoiassem em nós para o difundirem. Mas temos de procurar que, por meio da amizade, as pessoas que estão erradas abandonem o erro; temos de as tratar com carinho, com alegria.

«*Iterum dico, gaudete!*»[19]. Estai sempre alegres, meus filhos. Enchi estes edifícios com palavras da Escritura em

---

18 1Jo 4, 8.

19 Fil 4, 4: «De novo vos digo, alegrai-vos!!»

que se recomenda a alegria. «*Servite Domino in lætitia*»[20]: servi o Senhor com alegria. Parece-vos que, na vida, se agradece um serviço prestado de má vontade? Não. Seria melhor que não se prestasse. E nós havemos de servir o Senhor de má cara? Não. Vamos servi-lo com alegria, apesar das nossas misérias, que havemos de arrancar com a graça de Deus.

Sede obedientes. Para obedecer, é preciso ouvir o que nos dizem. Se soubésseis a pena que dá mandar em almas boas que não sabem obedecer...! Poderá ser uma pessoa encantadora, muito santa, mas chega o momento de obedecer, e não! Porquê? Porque há pessoas que têm o defeito, quase físico, de não ouvir; têm tão boa vontade que, enquanto ouvem, já estão a pensar no modo de fazer aquilo de outra maneira, de desobedecer. Não, meus filhos; apresentam-se alternativas, se existirem, dizem-se as coisas com clareza, e depois obedece-se, dispostos a adotar a solução oposta ao nosso parecer.

Obedientes e objetivos. Como podereis informar, vós – que não sois soldados rasos, mas capitães do exército de Cristo, e que, portanto, tendes de informar objetivamente os vossos diretores sobre o que se passa no vosso setor –, se não fordes objetivos? Sabeis o que acontece a um general que recebe trinta, cinquenta, cem informações falsas? Perde a batalha. Cristo não perde batalhas, mas a eficácia do nosso apostolado fica entorpecida, e o trabalho não rende tudo o que poderia render.

Meus filhos, já vamos em quase quarenta minutos de meditação. Não gosto de saltar o parapeito – já que falamos em termos militares – dos trinta; o dos quaren-

---

20 Sl 16, 2.

ta, nunca. Vistes muitas coisas que tendes de aprender e praticar, para as ensinardes aos vossos irmãos. Enchei-vos de desejos de vos formardes. E, se não tendes desejos, aconselho-vos a ter desejos de ter desejos, que já é alguma coisa... Desejos de entrega, de formação, de santidade, de ser muito eficazes; agora, mais adiante e sempre.

A oração dos filhos de Deus

(4 de abril de 1955)[1i]

«Convém orar sempre, sem desfalecer»[2]. A oração, meus filhos, é o fundamento de todo o trabalho sobrenatural. 7

Olhai para Jesus Cristo, que é o nosso modelo. Que faz Ele nas grandes ocasiões? Que nos diz dele o Santo Evangelho? Antes de iniciar a sua vida pública, retira-Se para o deserto durante «quarenta dias e quarenta noites»[3], para rezar. Depois, quando Se prepara para escolher definitivamente os primeiros Doze, conta São Lucas que «passou toda a noite a fazer oração a Deus»[4]. E, diante do sepulcro já aberto de Lázaro, levantando os olhos ao

---

1 [i] São Josemaria dirigiu esta meditação aos alunos do Colégio Romano da Santa Cruz no dia 4 de abril de 1955. Tinham começado o seu retiro anual na noite anterior e esta foi a terceira meditação desse dia, que era Segunda-feira Santa (N. do E.).

2 Lc 18, 1.

3 Mt 4, 4.

4 Lc 6, 12.

céu, disse: «Pai, dou-Te graças porque me tens ouvido»[5]. E que faz na intimidade da Última Ceia, na angústia de Getsemani, na solidão da cruz? Com os braços abertos, fala com o Pai.

8 O único caminho para sermos santos

Contemplai agora sua Mãe bendita: que exemplo nos deixou? Quando o arcanjo lhe vai comunicar a divina embaixada, encontra-a recolhida em oração. E os primeiros cristãos? Os Atos dos Apóstolos transmitiram-nos uma cena que me encanta, porque é um exemplo vivo para nós; por isso a mandei gravar em tantos oratórios e noutros lugares: «Perseveravam todos nos ensinamentos dos apóstolos, na comunhão fraterna, na fração do pão e na oração»[6].

Que fizeram, meu filho, todos os santos? Penso que não houve um único sem oração; nenhum chegou aos altares sem ter sido alma de oração.

Há muitas maneiras de orar. Eu quero para vós a oração dos filhos de Deus; não a oração dos hipócritas, que ouvirão de Jesus que «nem todo o que diz: "Senhor, Senhor" entrará no Reino dos Céus»[7]. Nós fazemos a vontade de seu Pai, depois de Lhe termos dedicado a nossa vida. A nossa oração, o nosso clamar: «Senhor, Senhor», está unido ao desejo eficaz de cumprir a vontade de Deus. Esse clamor manifesta-se de mil formas diversas; isso é oração, e é isso que eu quero para vós.

---

5 Jo 11, 41.
6 At 2, 42.
7 Mt 7, 21.

Filho da minha alma! Se tu, nestes dias de retiro, pensares devagar no que te dizem os teus irmãos sacerdotes que dirigem as meditações; se fizeres um exame sério, definitivo, da tua vida passada; se concluíres com o propósito, firme!, de procurar viver em oração, de procurar a conversa amorosa com o Amor eterno, asseguro-te de que chegarás a ser o que o Senhor deseja de ti: uma alma que dá consolo e que é eficaz no apostolado.

Diálogo de amor 9

Tu viveste bem as primeiras noções que aprendeste sobre a oração, quando começaste a receber a direção espiritual que se dá no nosso Opus Dei. Depois, foste ouvindo aos teus irmãos muitos conselhos maravilhosos, que procuraste pôr em prática. E agora, depois de teres passado estes anos – muitos ou poucos – a trabalhar pelo Senhor, o Padre volta a insistir-te na oração. Porquê? Porque, para ser santo, filho, é preciso rezar; não tenho outra receita para alcançar a santidade.

Se ainda não o experimentaste, verás que, cumprindo as normas, sem te aperceberes, de manhã até à noite e da noite até de manhã, estarás a fazer oração: atos de amor, atos de desagravo, ações de graças; com o coração, com a boca, com as pequenas mortificações que inflamam a alma.

Não são coisas que se possam considerar ninharias; são oração constante, diálogo de amor. Uma prática que não criará em ti nenhuma deformação psicológica, porque, para um cristão, deve ser algo tão natural e espontâneo como o bater do coração.

Quando tudo isso sai com facilidade: obrigado, meu Deus! Quando chega um momento difícil: Senhor, não me abandones! E esse Deus, «manso e humilde de coração»[8], não te há de dizer que não.

Eu quero que toda a nossa vida seja oração: perante o que é agradável e o que é desagradável, perante o consolo... e perante o desconsolo de perder uma vida querida. Antes de qualquer outra coisa, imediatamente, a conversa com o teu Pai Deus, procurando o Senhor no centro da tua alma.

Para isso, filho, deves ter uma disposição clara, habitual e atual, de aversão ao pecado. Varonilmente, deves ter horror, um horror forte, ao pecado grave. E também a atitude, profundamente enraizada, de abominar o pecado venial deliberado.

Deus preside à nossa oração, e tu, meu filho, conversas com Ele como se conversa com um irmão, com um amigo, com um pai: cheio de confiança. Diz-lhe: Senhor, Tu que és toda a grandeza, toda a bondade, toda a misericórdia, sei que Tu me ouves! Por isso me enamoro de Ti, com a rudeza das minhas maneiras, das minhas pobres mãos envelhecidas pelo pó do caminho. Deste modo, a abnegação é gostosa, o que talvez humilhasse é alegre, e a vida de entrega é feliz. Sabemo-nos tão perto de Deus! Por isso, aconteça o que acontecer, estou firme, estou seguro contigo, que és a rocha e a fortaleza[9].

Padre – dizes-me como que ao ouvido –, mas isso que nos diz, por um lado é muito sabido, e por outro parece tão árduo... E repito-te que tens de ser alma de oração. Só assim poderás ser feliz, ainda que te ignorem, ainda que encontres grandes dificuldades no caminho.

---

8 Mt 11, 29.
9 Cf. 2Rs 22, 2.

Para sermos felizes 10

O Senhor quer que sejas feliz na Terra. Também quando talvez te maltratarem e te desonrarem. Muita gente a fazer alvoroço; está na moda cuspir para cima de ti, que és «*omnium peripsema*»[10]: como lixo...

Isso, filho, custa; custa muito; é duro. Até que – por fim – um homem se aproxima do sacrário e, vendo-se considerado a maior porcaria do mundo, um pobre verme, diz com sinceridade: Senhor, se Tu não precisas da minha honra, para que a quero eu? Até então, o filho de Deus não sabe o que é ser feliz – até chegar a essa nudez, a essa entrega, que é de amor, mas alicerçada na dor e na penitência.

Gostaria que o que estou a dizer-te, meu filho, não passasse como uma trovoada de verão: quatro gotas grandes, seguidas do sol e, momentos depois, novamente a secura. Não. Esta água tem de penetrar na tua alma, de formar remanso, eficácia divina. Mas só o conseguirás se não me deixares – a mim, que sou teu Padre – fazer esta oração sozinho. Este tempo de conversa que fazemos juntos, pegadinhos ao sacrário, deixará em ti uma marca fecunda se, enquanto eu falo, tu também falares no teu interior. Enquanto eu procuro desenvolver um pensamento comum, que faça bem a cada um de vós, tu, paralelamente, vais formulando outros pensamentos mais íntimos, pessoais. Por um lado, enches-te de vergonha, porque não soubeste ser plenamente homem de Deus; por outro, enches-te de agradecimento, porque, apesar de tudo, foste escolhido com vocação divina e sabes que nunca te faltará a graça do Céu. Deus concedeu-te o dom

---

10 1Cor 4, 13.

do chamamento, escolhendo-te desde a eternidade, e fez ressoar nos teus ouvidos aquelas palavras que a mim me sabem a mel e favo: «*Redemi te, et vocavi te nomine tuo, meus es tu!*»[11]. És dele, do Senhor. Se Ele te deu esta graça, conceder-te-á também toda a ajuda de que venhas a precisar para ser fiel como seu filho no Opus Dei.

Com a tua lealdade, meu filho, procurarás melhorar cada dia, e serás um modelo vivo do homem do Opus Dei. Assim o desejo, assim o creio, assim o espero. Depois de teres ouvido o Padre falar deste nosso espírito de almas contemplativas, vais esforçar-te por sê-lo realmente. Pede-o agora a Jesus: Senhor, mete estas verdades na minha vida, não só na minha cabeça, mas na realidade do meu modo de ser! Se assim fizeres, filho, garanto-te que pouparás muitas penas e desgostos.

Quantas tolices, quantas contrariedades desaparecem imediatamente, quando nos aproximamos de Deus na oração! Vamos falar com Jesus, que nos pergunta: que se passa contigo? Comigo..., e imediatamente, luz. Percebemos muitas vezes que somos nós que criamos as dificuldades. Julgas que tens um valor excecional, qualidades extraordinárias, e, quando os outros não o reconhecem, sentes-te humilhado, ofendido... Recorre imediatamente à oração: Senhor!... E retifica. Nunca é tarde para retificar, mas retifica agora mesmo. Saberás então o que é ser feliz, mesmo que notes ainda nas asas o barro a secar, como uma ave que caiu por terra. Com a mortificação e a penitência, com o empenho em te mortificares para tornares mais agradável a vida dos teus irmãos, esse barro cairá e – perdoa a comparação que me veio à cabeça – as

11 Is 43, 1: «Redimi-te e chamei-te pelo teu nome, tu és meu».

tuas asas serão como as de um anjo, limpas, brilhantes, e... toca a subir!

Vais fazendo os teus propósitos concretos, não é verdade, meu filho? Não é certo que, na conversa fraterna e na confissão, vividas com o sentido sobrenatural que vos ensinam, te irás vendo tal como és diante de Deus, com humildade? Nunca deixes de falar, na direção espiritual, da tua vida de oração, da presença de Deus, do teu espírito contemplativo.

Sal, luz e levedura 11

Filhos da minha alma, quero levar-vos por um caminho maravilhoso, por uma vida de amor e de aventura sobrenatural, pela qual o Senhor me conduziu; uma vida de felicidade, com sacrifício, com dor, com abnegação, com entrega, com esquecimento próprio.

«*Si quis vult post me venire...* Se alguém quiser vir após Mim, negue-se a si mesmo, tome a sua cruz de cada dia e siga-Me»[12]. Todos ouvimos estas palavras e é por isso estamos aqui. Também ouvimos outras: «Não fostes vós que Me escolhestes, fui Eu que vos escolhi»[13]. O chamamento divino tem uma finalidade muito concreta: meter-te em todas as encruzilhadas da Terra, estando tu bem metido em Deus. Seres sal, seres levedura, seres luz do mundo. Sim, meu filho: tu em Deus, para iluminares, para dares sabor, para fazeres crescer, para seres fermento.

Mas a luz será trevas se tu não fores contemplativo, alma de oração contínua. O sal perderá o seu sabor, só

12 Lc 9, 23.
13 Jo 15, 16.

servirá para ser pisado por toda a gente, se tu não estiveres metido em Deus. A levedura apodrecerá e perderá a sua virtude de fermentar toda a massa se tu não fores alma verdadeiramente contemplativa.

Reza orações vocais, as que fazem parte do nosso plano de vida de piedade. Depois, dirige-te a Deus com orações vocais tuas, pessoais, as que mais devoção te derem. Não fiques só naquilo que todos temos o dever e a alegria de cumprir; acrescenta o que a tua iniciativa e a tua generosidade te ditarem. Finalmente, não esqueças a oração mental contínua. Procura dialogar com Deus, no centro da tua alma, com toda a confiança e sinceridade.

Filho, penso que já te disse tudo o que tinha para te dizer. Resta agora que te decidas, de verdade, a ser uma alma entregue, enamorada, em trato constante com Deus. Então, sim, estou seguro da tua fidelidade.

Termino, pois, com três citações da Escritura:

«*Oportet semper orare et non deficere*»[14]: é preciso rezar sempre, sem cessar.

«*Erat pernoctans in oratione Dei*»[15]: Cristo passava a noite em conversa com Deus.

«*Erant autem perseverantes in doctrina apostolorum, et communicatione fractionis panis, et orationibus*»[16]: os primeiros cristãos perseveravam todos nos ensinamentos dos apóstolos, na comunhão fraterna, na fração do pão e na oração.

---

14 Lc 18, 1.
15 Lc 6, 12.
16 At 2, 42.

Com a docilidade do barro

(3 de novembro de 1955)[1i]

Encontrei uns papéis antigos, que me serviram muitas vezes para falar aos vossos irmãos que agora são mais velhos. E há um texto do apóstolo aos de Corinto, em que se lê: «*Modicum fermentum totam massam corrumpit*»[2]: uma pequena quantidade de levedura faz fermentar toda a massa. 12

Filhos da minha alma! Se, dentro desta grande massa dos homens – interessam-nos todas as almas –, se, dentro desta grande multidão humana, o Opus Dei é um fermento, dentro do Opus Dei, por um amor de predileção do Senhor, vós sois fermento, sois levedura. Estais aqui, meus filhos, para vos preparardes – com a ajuda da graça divina e da vossa correspondência – para ser, em todos os lugares do mundo, a levedura que dê graça, que dê sabor, que dê volume!, para que este pão de Cristo possa alimentar todas as gentes.

---

1 [i] Texto de uma meditação pregada no dia 3 de novembro de 1955, durante uma recolecção mensal (N. do E.).

2 1Cor 5, 6.

13 Como o barro nas mãos do oleiro

E viestes decididos a deixar-vos formar, a deixar-vos preparar. Essa formação, ao mesmo tempo que fará com que a vossa personalidade – a de cada um, com as suas características particulares – melhore, dar-vos-á esse denominador comum, este sangue da nossa família sobrenatural, que é o mesmo para todos. Mas, para conseguirmos isto, tu, meu filho – porque falo somente para ti –, tens de estar disposto a pôr-te nas mãos dos diretores como o barro nas mãos do oleiro. E deixar-te fazer e desfazer, e cortar, e polir. Se até agora não tiver sido assim, este é o momento de retificares, de dizeres ao Senhor que te abandonas nele com a docilidade com que um pedaço de barro deixa trabalhar os dedos do artesão.

Enquanto eu falo – Jesus preside-nos do sacrário, como presidia aos primeiros Doze –, tu fazes a tua oração e vais preparando propósitos concretos, que tornem realidade o teu grande propósito do amor. Na vida, há momentos difíceis, em que ajuda muito fazer este propósito concreto, embora eu tenha repetido tantas vezes que, em muitas ocasiões, não é necessário fazer propósitos. Que propósito concreto fazia a minha mãe de me tratar com tanto carinho? Amava-me tanto que não precisava de os fazer. Mas tu precisas, e por isso te digo que faças um propósito concreto: Senhor, com a tua graça, com a ajuda da nossa Mãe do Céu, eu, que me encontro aqui, nesta grande rede, nesta grande barca do Opus Dei, deixarei que as mãos dos diretores me moldem, para me tornarem formoso na tua presença, forte, rijo, eficaz! Para ter deveras, em toda a vida interior e no trabalho externo, este borbulhar limpo, sobrenatural, do sangue de família.

Todos vós sabeis como se procede num hospital, quando é preciso operar alguém: os cuidados que se têm, a assepsia, a extraordinária limpeza dos médicos, mil detalhes que muitos conhecereis melhor do que eu. Pois deves permitir que façam a mesma coisa contigo. Despir-te-ão, porque a roupa atrapalha; talvez ta devolvam, se for conviente, depois de a terem passado por uma autoclave, para a desinfetar. Mais tarde, porque te querem bem, talvez tenham de utilizar o bisturi. E tu dirás a Jesus: «*Sicut lutum in manu figuli*»[3]: como o barro nas mãos do oleiro, assim quero estar nas mãos dos diretores. Com todo o meu empenho, com toda a minha pobre boa vontade, quero deixar que cortem, que operem, que curem, que me refaçam quando for preciso.

Barcas e redes 14

Vamos continuar, meus filhos, com dois textos da Sagrada Escritura: um de São Lucas e outro de São João. O Senhor encontrou os seus primeiros discípulos entre barcas e redes, e muitas vezes comparava o trabalho de almas às fainas pesqueiras.

Lembras-te daquela pesca milagrosa, quando as redes se rompiam[4]? Também há ocasiões, na atividade apostólica, em que a rede se rompe devido às nossas imperfeições, e em que, mesmo que seja abundante, a pesca não é tão numerosa como poderia ser.

Podemos aplicar a essa pesca apostólica, aberta a todas as almas, o texto de São Mateus acerca de uma rede

3 Jer 18, 6.
4 Cf. Lc 5, 6.

de arrastão que, lançada ao mar, recolhe todo o género de peixes[5], de qualquer tamanho e qualidade, porque cabe nas suas malhas tudo quanto nada nas águas do mar. Essa rede não se rompe, meu filho, porque não fomos tu nem eu, mas a nossa boa mãe, a Obra, que se pôs a pescar.

Mas não quero falar-te agora dessa pesca, nem dessa rede imensa. Desejo antes fazer-te considerar outra pesca, a que São João conta no capítulo 21; aquela em que Simão Pedro puxou para terra e pôs aos pés de Jesus uma rede «cheia de cento e cinquenta e três peixes grandes»[6]. Foi nessa rede de peixes grandes, escolhidos, que Cristo te meteu com a graça soberana da vocação. Talvez um olhar de sua Mãe O tenha comovido até ao extremo de te conceder, pela mão imaculada da Santíssima Virgem, esse dom grandioso.

Meus filhos, olhai que estamos todos metidos numa mesma rede, e que a rede está dentro da barca, que é o Opus Dei, com o seu maravilhoso critério de humildade, de entrega, de trabalho, de amor. Isto é bonito, não é, meus filhos? Tê-lo-ás por acaso merecido?

Este é o momento de voltares a dizer: deixar-me-ei meter na barca, deixar-me-ei cortar, lancetar, romper, polir, comer! Entrego-me! Di-lo de verdade! Porque depois acontece que, às vezes, pela tua soberba, quando te dão uma indicação que é para a tua santidade, é como se te revoltasses; porque tens mais em conta o teu juízo próprio – que não pode ser certeiro, porque ninguém é bom juiz em causa própria – do que o juízo dos diretores; porque te incomoda a indicação carinhosa dos teus irmãos, quando te fazem uma correção fraterna...

5 Mt 13, 47.
6 Jo 21, 11.

Entrega-te, dá-te! Mas diz a Jesus Cristo: tenho esta experiência da soberba! Senhor, torna-me humilde! E Ele responder-te-á: pois bem, para seres humilde, cultiva o trato comigo, e conhecer-Me-ás e conhecer-te-ás. Cumpre essas normas que Eu te entreguei, através do teu Fundador. Cumpre-me essas normas. Sê fiel à tua vida interior, sê alma de oração, sê alma de sacrifício. E, apesar dos pesares, que nesta vida não faltam, far-te-ei feliz.

Meu filho, continua a fazer a tua oração pessoalíssima, que não necessita do som de palavras. E fala com o Senhor assim, cara a cara, tu e Ele a sós. O contrário é muito cómodo. No anonimato, as pessoas atrevem-se a fazer mil coisas que não ousariam fazer a sós. Aquela pessoa encolhida, cobarde, quando está no meio da multidão, não se inibe de apanhar uma mão-cheia de terra e atirá-la. Eu desejo que tu, meu filho, na solidão do teu coração – que é uma solidão bem acompanhada –, olhes de frente o teu Pai Deus e Lhe digas: entrego-me!

Sê audaz, sê valente, sê ousado! Continua a fazer a tua oração pessoal e compromete-te: Senhor, nunca mais! Não terei mais delongas, não voltarei a levantar dificuldades, não voltarei a opor resistências à tua graça; desejo ser uma boa levedura, que faça fermentar toda a massa.

A eficácia de obedecer 15

Queres que continuemos a recordar estas passagens da Escritura Santa, que contemplemos os apóstolos entre as redes e as barcas, que compartilhemos os seus afãs, que escutemos a doutrina divina dos lábios do próprio Cristo?

«Disse a Simão: "Avança mar adentro, e lançai as vossas redes para a pesca". Replicou-Lhe Simão: "Mestre, afadigámo-nos toda a noite e nada rapanhámos"»[7]. Com estas palavras, os apóstolos reconhecem a sua impotência: numa noite inteira de trabalho, não conseguiram pescar um único peixe. Assim és tu, e assim sou eu, pobres homens, soberbos. Quando queremos trabalhar sozinhos, fazendo a nossa vontade, guiados exclusivamente pelo nosso próprio juízo, o fruto chama-se infecundidade.

Mas continuemos a ouvir Pedro: «Não obstante, em teu nome lançarei a rede»[8]. E então, cheio, cheio se mostra o mar, e têm de vir as outras barcas para ajudar a recolher aquela quantidade de peixes! Vês? Se reconheceres a tua nulidade e a tua ineficácia; se, em vez de confiares no teu próprio juízo, te deixares guiar, não só te encherás de maravilhosos frutos, como, além disso, os outros terão abundância da tua abundância. Quanto bem e quanto mal podes fazer! Bem, se fores humilde e souberes entregar-te com alegria e com espírito de sacrifício; bem, para ti e para os teus irmãos, para a Igreja, para esta boa mãe que é a Obra. E quanto mal, se te guiares pela tua soberba. Terás de dizer: «*Nihil cepimus*!»[9]: não apanhámos nada!, na noite, em plena escuridão.

Meu filho, talvez sejas jovem. Por isso, eu tenho mais coisas pelas quais pedir perdão ao Senhor, se bem que tu também deves ter os teus recantos, os teus fracassos, as tuas experiências... Diz a Jesus que queres ser «como o barro nas mãos do oleiro»[10], recebendo docilmente, sem resistências, a formação que a Obra te dá maternalmente.

---

7 Lc 5, 4-5.
8 Lc 5, 5.
9 Lc 5, 5.
10 Jer 18, 6.

Vejo-te com esta boa vontade, vejo-te cheio de desejo de seres santo, mas quero lembrar-te que, para sermos santos, temos de ser almas de doutrina, pessoas que souberam dedicar o tempo necessário, nos lugares precisos, para meter na sua cabeça e no seu coração, na sua vida toda, esta bagagem da qual se hão de servir para continuar a ser, com Cristo e com os primeiros Doze, pescadores de almas.

Recordando a miséria de que estamos feitos, tendo em conta tantos fracassos ocasionados pela nossa soberba, perante a majestade desse Deus, de Cristo pescador, temos de dizer o mesmo que São Pedro: «Senhor, sou um pobre pecador»[11]. E então, agora a ti e a mim, como anteriormente a Simão Pedro, Jesus Cristo repetir-nos-á o que nos disse há tanto tempo: «De agora em diante, serás pescador de homens»[12], por mandato divino, com missão divina, com eficácia divina.

Neste mar do mundo, há tantas almas, tantas, no meio da turbulência das águas! Mas escuta estas palavras de Jeremias: «Eis, diz o Senhor, que enviarei muitos pescadores» – vós e eu – «e pescarei esses peixes»[13], com zelo pela salvação de todas as almas, com preocupação divina.

Vós, tu, meu filho, vais dificultar a faina de Jesus ou vais facilitá-la? Estás a brincar com a tua felicidade ou queres ser fiel e secundar a vontade do Senhor, e sulcar com eficácia todos os mares, pescador de homens com missão divina? Para a frente, meu filho, toca a pescar!

Vou terminar com as mesmas palavras com que comecei: tu és a levedura que faz fermentar toda a mas-

---

11 Lc 5, 8.
12 Lc 5, 10.
13 Jer 16, 16.

sa. Deixa-te preparar, não te esqueças de que, com a graça da tua vocação e a tua entrega, que é correspondência a essa graça, sob o manto da nossa Mãe Santa Maria, que sempre soube proteger-te por entre as ondas, sob o manto e a proteção da nossa Mãe do Céu, tu, pequeno fermento, pequena levedura, saberás fazer com que toda a massa dos homens fermente, e sofrerás aquelas ânsias que me faziam escrever: *Omnes* – todos: que nem uma só alma se perca! –, *omnes cum Petro ad Iesum per Mariam*![14]

14 Todos, com Pedro, a Jesus, por Maria.

Um dia para recomeçar

(3 de dezembro de 1961)[1][i]

Depois desta oração preparatória, que é um ato de 16
fé, que é um ato de amor a Deus, um ato de arrependimento, um ato de esperança – «creio firmemente que estás aqui, que me vês, que me ouves; adoro-Te com profunda reverência, peço-Te perdão dos meus pecados» –, que é uma ação de graças, que é um ato de devoção à Mãe de Deus... Depois desta oração preparatória, que é já oração mental, vamos entrar, como todas as manhãs, como todas as tardes, numa consideração que nos leve a ser melhores.

Meus filhos, hoje, que começa um novo ano litúrgico com um tempo cheio de afeto para com o Redentor, é um bom dia para recomeçarmos. Recomeçar? Sim, recomeçar. Eu – imagino que tu também – recomeço todos os dias, a todas as horas, recomeço cada vez que faço um ato de contrição.

---

1 [i] São Josemaria proferiu estas palavras no oratório de Pentecostes, em Villa Tevere, dirigindo-se às pessoas que viviam no centro do Conselho Geral do Opus Dei. Era o primeiro Domingo do Advento e o Fundador foi comentando as leituras e as orações da Missa desse dia (N. do E.).

«*Ad te, Domine, levavi animam meam; Deus meus, in te confido, non erubescam*»[2]: a Ti, Senhor, elevei a minha alma; meu Deus, confio em Ti, não serei envergonhado. Esta confiança no Senhor é a fortaleza do Opus Dei. Ao longo de muitos anos, foi esta a nossa oração, nos momentos de incompreensão, de uma incompreensão quase brutal: «*Non erubescam*!». Mas os incompreendidos não somos apenas nós. Todas as pessoas, físicas e morais, padecem incompreensão. Não há ninguém no mundo que, com razão ou sem ela, não diga que é um incompreendido: incompreendido pela família, pelos amigos, pelos vizinhos, pelos colegas... Mas, se tiver retidão de intenção, dirá imediatamente: «*Ad te levavi animam meam*», e continuará, com o salmista: «*Etenim universi, qui te exspectant, non confundentur*»[3]: porque os que esperam em Ti não serão confundidos.

«*In te confido*». Já não se trata de incompreensão, mas de pessoas que odeiam, da má intenção de alguns. Há uns anos não acreditava, mas agora acredito: «*Neque irrideant me inimici mei*»[4]. Meu filho, filho da minha alma, dá graças ao Senhor porque pôs na boca do salmista essas palavras, que nos enchem de sólida fortaleza. E pensa nas vezes em que te sentiste perturbado, em que perdeste a tranquilidade, porque não soubeste recorrer ao Senhor – «*Deus tuus*»: teu Deus – e confiar nele: essa gente não fará chacota de ti.

Depois, nessa luta interna da alma, e naquela outra pela glória de Deus, para promover apostolados eficazes ao

---

2 Missal Romano, I Domingo do Advento, antífona de entrada (Sl 24, 1-2)

3 *Ibid.*

4 *Ibid.*: «Não se riam de mim os meus inimigos».

serviço de Deus e das almas, da Igreja, nessas lutas, fé, confiança! Mas, Padre – dir-me-ás –, e os meus pecados? E eu respondo-te: e os meus? «*Ne respicias peccata mea, sed fidem*»[5]. E recordaremos as palavras da Escritura: «*Quia tu es, Deus, fortitudo mea*»[6]. Já não tenho medo porque Tu, Senhor, olhas mais para minha fé do que para as minhas misérias, e és a minha fortaleza; porque estes meus filhos – apresento-vos a todos a Deus – são também a minha fortaleza. Fortes, decididos, seguros, serenos, vitoriosos!

Mas humildes, humildes. Porque conhecemos muito bem o barro de que somos feitos, e detetamos pelo menos um bocadinho da nossa soberba, e um bocadinho da nossa sensualidade... E não sabemos tudo. Descubramos o que estorva a nossa fé, a nossa esperança e o nosso amor! E teremos serenidade. Numa palavra, vislumbraremos que somos mais filhos de Deus, e seremos capazes de seguir em frente neste novo ano. Sentir-nos-emos filhos do Pai, do Filho, do Espírito Santo.

Certamente, o Senhor ensinou-nos o caminho para o Céu; e, tal como deu ao profeta aquele pão cozido sob as cinzas[7], também no-lo deu a nós, para continuarmos em frente pelo caminho. Um caminho que pode ser do homem santo ou do homem tíbio, ou – nem quero pensar nisso – do homem mau. «*Vias tuas, Domine, demonstra mihi; et semitas tuas edoce me*»[8]: mostra-me, Senhor,

---

5 Missal Romano, Ordinário da Missa: «Não olheis aos nossos pecados, mas à fé».

6 Sl 42, 2: «Porque Tu és, ó Deus, a minha fortaleza».

7 1Rs 19, 6-8.

8 Missal Romano, I Domingo do Advento, antífona de entrada (Sl 24, 4).

os teus caminhos e ensina-me as tuas sendas. O Senhor ensinou-nos o caminho da santidade. Queres pensar um pouco em tudo isto?

17 «*Excita, quaesumus, Domine, potentiam tuam, et veni*»[9]: Senhor, demonstra o teu poder e vem. Que bem nos conhece a Igreja, a liturgia, que é oração da Igreja! Repara como conhece o teu desejo e o meu, o teu modo de ser e o meu. «*Excita, Domine, potentiam tuam et veni*». O poder de Deus vem até nós. É o *Deus absconditus* que passa, mas que não passa inutilmente.

Vem, Jesus, «para que com a tua proteção mereçamos ser livres dos perigos que nos ameaçam pelos nossos pecados, e sejamos salvos pela tua graça»[10] . Dá graças ao Senhor, nosso protetor e libertador. Não penses agora se as tuas faltas são grandes ou pequenas; pensa no perdão, que é sempre muito grande. Pensa que a culpa poderia ter sido enorme e dá graças, porque Deus teve – e tem – esta disposição de perdoar.

Filho, este começo do Advento é uma hora propícia para fazermos um ato de amor; para dizermos «creio», para dizermos «espero», para dizermos «amo», para nos dirigirmos à Mãe do Senhor – Mãe, Filha, Esposa de Deus, nossa Mãe – e lhe pedirmos que nos obtenha mais graças da Santíssima Trindade: a graça da esperança, do amor, da contrição. Para que quando, por vezes, na vida, parece soprar um vento forte, um vento seco, capaz de fazer murchar as flores da alma, as nossas não murchem.

E aprende a louvar o Pai, o Filho e o Espírito Santo. Aprende a ter uma devoção particular à Santíssima

---

9 Missal Romano, I Domingo do Advento, oração.

10 Missal Romano, I Domingo do Advento, oração.

Trindade: creio em Deus Pai, creio em Deus Filho, creio em Deus Espírito Santo, creio na Santíssima Trindade. Espero em Deus Pai, espero em Deus Filho, espero em Deus Espírito Santo, espero na Santíssima Trindade. Amo a Deus Pai, amo a Deus Filho, amo a Deus Espírito Santo, amo a Santíssima Trindade. Esta devoção faz falta como exercício sobrenatural, que se traduz nestes movimentos do coração, embora nem sempre se traduza em palavras.

Sabemos muito bem o que hoje nos diz São Paulo: 18
«*Fratres, scientes quia hora est iam de somno surgere*»[11]. São horas de trabalhar! De trabalhar por dentro, na edificação da nossa alma; e por fora, na edificação do Reino de Deus. E a contrição vem novamente aos nossos lábios: Senhor, peço-te perdão pela minha vida má, pela minha vida tíbia; peço-te perdão pelo meu trabalho mal feito; peço-te perdão porque não soube amar-Te, e por isso não soube estar atento a Ti. Um olhar depreciativo de um filho a sua mãe causa-lhe uma dor imensa; se for um estranho, não a incomoda especialmente. Eu sou teu filho: *mea culpa, mea culpa*!...

«Sabei que são horas de acordar do sono». Com que sentido sobrenatural vemos as coisas? Esse sentido não se nota por fora, mas manifesta-se nas ações, às vezes até pelo olhar. Deves olhar muito para dentro de ti. Não é verdade que houve algum sono na tua vida? Alguma superficialidade? Pensa como facilitamos, cumprindo sem demasiado amor. Cumprir!

---

11 Missal Romano, I Domingo do Advento, leitura (Rom 13, 11): «Irmãos, sabeis que são horas de acordar do sono».

«*Nox praecessit, dies autem appropinquavit; abiiciamus ergo opera tenebrarum, et induamur arma lucis*»[12]: rejeitemos, pois, as obras das trevas, e revistamo-nos das armas da luz. O apóstolo tem muita força! «*Sicut in die honeste ambulemus*»[13]. Devemos caminhar pela vida como apóstolos, com luz de Deus, com sal de Deus. Com naturalidade, mas com tal vida interior, com tal espírito do Opus Dei, que demos luz, que evitemos a corrupção que existe ao nosso redor, que levemos como fruto a serenidade e a alegria. E, no meio das lágrimas – porque às vezes se chora, mas não faz mal –, a alegria e a paz, o *gaudium cum pace*.

Sal, fogo, luz; pelas almas, pela tua e pela minha. Um ato de amor, de contrição. *Mea culpa*... Eu podia, eu devia ter sido instrumento... Dou-te graças, meu Deus, porque, apesar de tudo, me deste uma grande fé, e a graça da vocação, e a graça da perseverança. Por isso, a Igreja põe nos nossos lábios, na Santa Missa: «*Dominus dabit benignitatem, et terra nostra dabit fructum suum*»[14]. Essa bênção de Deus é a origem dos frutos bons, daquele clima que é necessário para que, na nossa vida, possamos tornar-nos santos e cultivar santos, filhos seus.

«*Dominus dabit benignitatem...*». Nosso Senhor espera fruto. Se não o dermos, estaremos a tirar-Lho. Mas não quer um fruto raquítico, desmedrado, por não termos

---

12 *Ibid.* (Rom 13, 12): «A noite vai passando e aproxima-se o dia; rejeitemos, pois, as obras das trevas, e revistamo-nos das armas da luz».

13 *Ibid.* (Rom 13, 13): «Como quem anda de dia, andemos decentemente».

14 Missal Romano, I Domingo do Advento, antífona da comunhão (Sl 84, 13): «O Senhor nos dará a sua bênção e a nossa terra dará muito fruto».

sido generosos. O Senhor dá a água, a chuva, o sol, essa terra... Mas espera a sementeira, o transplante, a poda; espera que guardemos os frutos com amor, evitando, se for preciso, que venham os pássaros do céu e os comam.

Vamos terminar, recorrendo à nossa Mãe, para que nos ajude a cumprir os propósitos que fizemos.

Que se veja que és Tu!

(1 de abril de 1962)[1i]

Não é minha intenção, meus filhos, dirigir hoje a meditação. Limitar-me-ei a indicar-vos alguns pontos da missa deste Domingo *Lætare* da Quaresma, para que mediteis neles. 19

«*Abiit Iesus trans mare Galileæ*...: Jesus passou para a outra margem do mar da Galileia, também chamado Tiberíades; e, como O seguia uma grande multidão, porque viam os milagres que fazia em favor dos enfermos, subiu a um monte e sentou-Se ali com os seus discípulos»[2]. A primeira consideração, meus filhos, é examinar porque foi que seguimos Jesus Cristo, e porque estamos com Ele, sentados com Ele, em íntima familiaridade, com o amável dever de procurar continuamente o seu trato.

---

1 [i] Meditação pregada no oratório de Pentecostes, no dia 1 de abril de 1962, IV Domingo da Quaresma (Domingo *Lætare*). Alguns meses antes, a 7 de janeiro, o Fundador tinha solicitado ao Papa a revisão do estatuto jurídico do Opus Dei, para transformar a Obra numa prelatura *nullius*. Nesta altura, sabia que, dentro de poucos dias, haveria uma reunião na Santa Sé para analisar a solicitação (N. do E.).

2 Missal Romano, IV Domingo da Quaresma, evangelho (Jo 6, 1-2).

20 Correspondência ao amor de Cristo

As multidões de que fala o Evangelho seguiam-no porque tinham visto milagres: as curas que Jesus fazia. Vós e eu, porque O seguimos? Cada um de nós deve fazer a si próprio esta pergunta e procurar uma resposta sincera. E, uma vez que te tenhas interrogado e tenhas respondido, na presença do Senhor, enche-te de ações de graças, porque estar com Cristo é estar seguro. Poder olhar-se em Cristo é poder ser cada dia melhor. Cultivar o trato com Cristo é necessariamente amar Cristo. E amar Cristo é garantir a felicidade: a felicidade eterna, o amor mais pleno, com a visão beatífica da Santíssima Trindade.

Disse-vos, meus filhos, que não vos pregaria a meditação, mas vos daria uns pontos para a vossa oração pessoal. Medita por tua conta, meu filho: porque estás com Cristo no Opus Dei? Quando sentiste a atração de Jesus Cristo? Porquê? Como soubeste corresponder, desde o princípio até agora? Como foi que o Senhor, com o seu carinho, te trouxe à Obra, para estares muito perto dele, para teres intimidade com Ele?

E tu, como correspondeste? Que contributo dás para que essa intimidade com Cristo não se perca e para que os teus irmãos não a percam? Em que pensas, desde que tens todos estes compromissos? Em ti ou na glória de Deus? Em ti ou nos outros? Em ti, nas tuas coisas, nas tuas ninharias, nas tuas misérias, nos teus detalhes de soberba, nas tuas coisas de sensualidade? Em que pensas habitualmente? Medita nisto, e depois deixa que o coração atue na vontade e no entendimento.

Vê se o que o Senhor fez contigo, meu filho, não foi muito mais do que curar enfermos. Vejamos se não deu vista aos nossos olhos, que estavam cegos para contemplar as suas maravilhas; vejamos se não deu vigor aos nossos membros, que não eram capazes de se mexer com sentido sobrenatural; vejamos se porventura não nos ressuscitou como a Lázaro, porque estávamos mortos para a vida de Deus. Não é verdade que temos razões para gritar: «*Lætare, Ierusalem*»[3]? Não é verdade que há razões para eu vos dizer: «*Gaudete cum lætitia, qui in tristitia fuistis*»[4]: alegrai-vos, vós que estivestes tristes?

Temos de agradecer ao Senhor, neste primeiro ponto, o prémio imerecido da vocação. E prometemos-Lhe que vamos estimá-la cada dia mais, protegendo-a por ser a jóia mais preciosa que o nosso Pai Deus nos podia ter oferecido. Ao mesmo tempo, entendemos uma vez mais que, enquanto desempenharmos este mandato de governo que a Obra nos confiou, a nossa aspiração há de ser especialmente procurar a santidade para santificar os outros: vós, os vossos irmãos; eu, os meus filhos. Porque «Deus não nos chamou à imundície, mas à santidade»[5].

Confiança e sentido de responsabilidade 21

Mas voltemos ao Evangelho. É interessante verificar que o texto assinala repetidamente a distinção entre os apóstolos, os discípulos e a multidão; e, mesmo no seio dos apóstolos, entre um pequeno grupo – os três prediletos do Senhor – e os outros. Também nisto me parece que a nossa Obra tem uma profunda raiz evangélica. So-

---

3 Missal Romano, IV Domingo da Quaresma, antífona de entrada (Is 66, 10): «Alegra-te, Jerusalém».

4 *Ibid.*

5 1Tess 4, 7.

mos para a multidão, mas perto de nós há muitos amigos e companheiros que recebem de modo mais imediato o influxo do espírito do Opus Dei. O Senhor coloca-nos, como aos seus discípulos, num monte alto, mas à vista da multidão. A mesma coisa acontece convosco: entre os vossos irmãos – na Obra, somos todos iguais –, pelo cargo que agora ocupais, estais mais à vista. Não vos esqueçais disso, e nunca percais de vista este sentido de responsabilidade.

«Aproximava-se a Páscoa, a grande festa dos judeus. Tendo, pois, Jesus levantado os olhos e vendo que vinha ter com Ele uma grande multidão...»[6]. Reparai nessa multidão, insisto. O Senhor tem os olhos e o coração postos na multidão, em todos os homens, sem excluir ninguém. A lição não nos passa ao lado: não podemos ser intransigentes com as pessoas. Com a doutrina, sim. Com as pessoas, nunca, nunca! Se atuarmos deste modo, seremos necessariamente – esta é a nossa vocação – sal e luz, mas no meio da multidão. De quando em quando, retirar-nos-emos para a barca ou afastar-nos-emos para um monte, como Jesus; mas habitualmente viveremos e trabalharemos entre as pessoas, como uma delas.

Então Jesus disse a Filipe: «"Onde compraremos pão para dar de comer a esta gente?" Mas dizia isto para o experimentar, porque Ele mesmo sabia o que ia fazer»[7]. Ao longo da história da Obra, pensei muitas vezes que o Senhor previu as coisas desde a eternidade, mas que, por outro lado, nos deixa libérrimos. Por vezes, parece que nos tenta, que quer pôr à prova a nossa fé. Mas Jesus Cristo não nos deixa; se nos mantivermos firmes, Ele está

---

6 Jo 6, 5.
7 Jo 6, 5-6.

disposto a fazer milagres, a multiplicar os pães, a mudar as vontades, a dar luz às inteligências mais obscurecidas, a fazer – mediante uma graça extraordinária – que os que talvez nunca tenham sido capazes de retidão o sejam.

Meus filhos, que confiança! Isto é o que eu gostaria que fosse o segundo ponto. Quis que considerásseis, em primeiro lugar, que não estamos na Obra, junto de Cristo, para nos isolarmos, mas, pelo contrário, para nos darmos à multidão; primeiro, aos vossos irmãos, e a seguir, aos outros. Depois, que não devemos inquietar-nos com o pensamento das necessidades, porque o Senhor virá em nossa ajuda. Se alguma vez sentimos esse «*tentans eum*» – para o experimentar – de que fala o Santo Evangelho, não devemos preocupar-nos, porque é isto: é Deus Nosso Senhor a brincar connosco. Estou certo de que passa por alto as nossas misérias, porque conhece a nossa fraqueza, porque conhece o nosso amor, e a nossa fé, e a nossa esperança. Resumo tudo isto numa palavra: confiança. Mas uma confiança que, como está fundamentada em Cristo, tem de ser, diante de Deus, uma oração premente, bem sentida, bem recebida; mais ainda se chegar à Santíssima Trindade pelas mãos da nossa Mãe, que é a Mãe de Deus.

Sentido de responsabilidade: estamos na barca. Com Cristo, a barca não se afunda. Com Cristo! Sentido de responsabilidade em relação a nós, à nossa vida, à nossa conduta, à nossa maneira de pedir tantas coisas divinas. E depois, não nos faltarão os meios. Teremos o necessário para continuarmos com o nosso apostolado pelos séculos fora, dando alimento a todos, multiplicando o pão.

Esta é a segunda consideração: sentido de responsabilidade. Por isso, pedimos perdão a Nosso Senhor por tantas tolices que cada um terá feito. Pedimos perdão, com o desejo eficaz de retificar. E damos graças, damo-las com fé; certos de que, aconteça o que acontecer, o fruto acabará por amadurecer. Sentido de responsabilidade e uma grande confiança nesse Senhor que é nosso Pai, que é o Todo-Poderoso, que é a sabedoria e o amor... E agora calo-me; continua tu uns minutos por tua conta.

22 O milagre da multiplicação

Disse-vos tantas vezes, meus filhos – e vós repetiste-o outras tantas –, que Deus Nosso Senhor, na sua providência amorosíssima, no carinho que tem pelos homens – «*delitiæ meæ esse cum filiis hominum*»[8]: as suas delícias são estar com os filhos dos homens –, quis, de algum modo, que fôssemos corredentores com Ele. Por isso, para nos ajudar a compreender esta maravilha, levou o evangelista a relatar com todo o detalhe este grande prodígio. Ele podia tirar o pão de onde quisesse, porque «minhas são todas as criaturas dos bosques e os milhares de animais dos montes. E na minha mão estão todas as aves dos céus e todos os animais do campo [...], meu é o mundo e tudo quanto nele existe»[9]. Mas não. Procurou a cooperação dos homens.

«Um dos seus discípulos, André, irmão de Simão Pedro, disse-lhe: "Está aqui um jovem que tem cinco pães de cevada e dois peixes; mas que é isso para tanta gente?"»[10]. Ele precisa de um menino, de um rapaz, de uns pedaços de pão e de uns peixes. Tu e eu fazemos-Lhe falta, meu filho: e é Deus! Isto urge-nos a ser generosos na

---

8 Prov 8, 31.
9 Sl 49, 10-12.
10 Jo 6, 8-9.

nossa correspondência. Ele não precisa de nenhum de nós para nada, e – ao mesmo tempo – precisa de todos nós. Que maravilha! Pede-nos o pouco que somos, o pouco que valemos, os nossos parcos talentos, e não Lhos podemos regatear. Os dois peixes, o pão: tudo.

Cada um deve perguntar agora a si próprio: que fiz com os meus sentidos até este momento? Que fiz com as minhas potências: com a memória, com o entendimento, com a vontade? Só a meditação desta frase levar-nos-ia horas. Que haveremos de fazer com todo o nosso ser, daqui em diante? É natural que venha à nossa mente o pensamento de tantas coisas que não fizemos bem e que talvez ainda não façamos. Por isso, digo-te: meu filho, tens desejos de retificação, de purificação, de mortificação, de um trato mais frequente com o Senhor, de aumentar a tua piedade, sem teatro nem coisas exteriores, com naturalidade? Porque tudo isso faz aumentar a eficácia da Obra, na nossa alma e na de todos os homens. Se te detiveres num exame da tua vida mais recente, ser-te-á mais fácil seguir as considerações que faço em voz alta, em vosso nome e no meu.

Então, Jesus disse: «Mandai sentar a multidão»[11]. Os discípulos sabiam que Jesus desejava dar de comer àquela multidão, mas não tinham dinheiro: «Duzentos denários de pão não bastam para cada um deles receber um bocado»[12]. Não tinham muito nem pouco dinheiro, e precisariam de um capital imenso para dar de comer àquela multidão. O Senhor resolve a situação: «Mandai sentar a multidão. Havia ali muita relva. Sentaram-se, pois, em

---

11 Jo 6, 10.
12 Jo 6, 7.

número de uns cinco mil homens»[13]. Cinco mil! Ouvem a voz do Senhor e todos obedecem, todos, todos!, a começar pelos discípulos.

Como anda às vezes a obediência por aí...! Que pena! Querem questionar tudo. Mesmo na vida de entrega a Deus, há pessoas para quem tudo é ocasião de disquisições: se os superiores podem mandar isto, se podem mandar aquilo, se podem mandar aqui, se podem mandar acolá... No Opus Dei, sabemos isto: pode-se mandar tudo – com o máximo respeito pela liberdade pessoal em matérias políticas e profissionais –, desde que não seja ofensa a Deus.

23 Antes, mais e melhor

Mas vede o fruto da obediência desses homens: um milagre. Jesus faz um milagre assombroso. E fá-los tantas vezes na Obra! Uns por providência ordinária; outros por providência extraordinária. Deus está disposto; o que precisamos é de obedecer, de obrigar o Senhor, procurando ter muita fé nele. E então, Ele brilha. E então, faz coisas em que se vê que é Ele que está de permeio. E então faz uma das suas, como esta, como esta.

«Então, Jesus tomou os pães e, depois de ter dado graças, distribuiu-os pelos que estavam sentados; e fez o mesmo com os peixes, quantos quiseram»[14]. Assim, com generosidade. Que me pedis?: dois, três? Ele dá quatro, dá seis, dá cem. Porquê? Porque Cristo vê as coisas com sabedoria, e, com a sua omnipotência, pode ir e vai mais

---

13 Jo 6, 10.
14 Jo 6, 11.

longe do que nós. Por isso, ao considerar nestes dias – meses, anos – esse assunto, que não sabemos se se conseguirá agora ou mais adiante – tenho fé em que possa ser agora –, ao discorrer com a minha cabeça humana e concluir que não se resolverá, digo: antes, mais, melhor! O Senhor vê mais longe do que a nossa lógica! Ele faz as coisas antes, mais generosamente, e fá-las melhor.

«Depois de se terem saciado, disse aos seus discípulos: "Recolhei os pedaços que sobraram, para que não se percam". Eles assim fizeram e encheram doze cestos com os pedaços que tinham sobrado dos cinco pães de cevada, depois de todos terem comido»[15]. Recordai a famosa maneira como certo pregador comenta esta parte do Evangelho: para que recolheram os restos? Para quê? Para que, desses doze grandes cestos de pão que sobraram, nós comamos agora e nos alimentemos da fé. Da fé nele, que é capaz de fazer tudo isso superabundantemente, pelo amor que tem aos homens, pelo amor que tem à Igreja, pelo desejo que tem de redimir, de salvar os homens. Senhor, que também agora sobrem cestos! Fá-lo generosamente! Que se veja que és Tu!

«Tendo contemplado o milagre que Jesus fizera, aqueles homens diziam: "Este é verdadeiramente o Profeta que devia vir ao mundo"»[16]. Queriam raptá-lo, estais lembrados?, para o proclamarem rei. Nós reconhecemo-lo como nosso Rei, desde que nos puseram a semente da fé no coração; e depois, quando nos chamou, voltámos a entronizá-lo.

Perfeito Deus! Se esses homens, por um pedaço de pão – ainda que o milagre seja grande –, se entusiasmam

---

15 Jo 6, 12-13.
16 Jo 6, 14.

e Te aclamam a ponto de teres de Te esconder, que faremos nós, depois nos teres dado tantas coisas ao longo de todos estes anos da Obra?

Eu formulei uma coleção de propósitos para quando se resolver definitivamente a situação jurídica da Obra. Além de mandar celebrar muitas missas, e de fazer com que todos rezem, e de pedir mortificações, e de importunar continuamente – dia e noite – Deus Nosso Senhor; além de tudo isto, entre os meus propósitos constava este: Senhor, logo que se realizar, poremos duas lamparinas diante dos sacrário dos centros do Conselho Geral e da Assessoria Central, das comissões e assessorias regionais, e dos centros de estudos. E senti uma vergonha tremenda: como posso portar-me assim, com tanta mesquinhez, com um Rei tão generoso? E determinei imediatamente que fosse enviado um aviso a todo o mundo, mandando que nesses centros se colocassem sem demora duas lamparinas diante do Santíssimo. São poucas, mas é como se fossem trezentas mil; o que conta é o amor com que o fazemos!

Senhor, pedimos-Te que não Te escondas, que vivas sempre connosco, que Te vejamos, que Te toquemos, que Te sintamos, que queiramos estar sempre junto de Ti, na barca, cheios de fé, confiadamente e com sentido de responsabilidade, de olhos postos na multidão, «*ut salvi fiant*»[17]: para que todos se salvem.

---

17 1Cor 10, 33.

Num dia 2 de outubro

(2 de outubro de 1962)[1i]

É razoável que vos dirija umas palavras no dia de hoje, quando começo um novo ano da minha vocação para o Opus Dei. Sei que estais à espera disso, embora deva dizer-vos, filhos da minha alma, que sinto uma grande dificuldade, uma espécie de grande constrangimento, em aparecer neste dia. Não é a natural modéstia. É a constante convicção, a clareza meridiana da minha própria indignidade. Nunca me tinha passado pela cabeça, antes daquele momento, que teria uma missão a cumprir entre os homens. E agora... 24

Isto não é humildade, é algo que me custa porque vai contra o meu modo de ser, que foge da exibição. É por isso que tenho tanta vergonha! Já vos contei outras vezes que, quando era pequeno, sentia grande resistência a aparecer em público, diante das visitas, ou quando vestia uma roupa nova. Metia-me debaixo da cama até

---

1 [i] São Josemaria dirigiu estas palavras no oratório de Pentecostes de Villa Tevere, às pessoas que viviam no centro do Conselho Geral. Neste dia, celebrava-se a festa dos Anjos da Guarda e o aniversário da fundação do Opus Dei (N. do Ed.).

que a minha mãe dava umas pancadinhas no chão, com delicadeza, com uma das bengalas que o meu pai usava. Sim, por natureza sou inimigo de solenidades e de singularidades. Por isso, sempre que determinei alguma coisa a respeito do Presidente Geral do Opus Dei, foi porque era necessário.

25 Dia de ação de graças

Mas vamos ao primeiro ponto da nossa meditação. Desde que começaste, Senhor, a manifestar-Te à minha alma, aos quinze ou dezasseis anos; desde que, aos dezasseis ou dezassete, percebi, de algum modo, que me procuravas, sentindo os primeiros impulsos do teu amor, passaram muitos anos... Depois de eu levantar muitas dificuldades, por comodismo e por cobardia – disse-o muitas vezes e pedi perdão aos meus filhos –, a Obra irrompeu no mundo, naquele dia 2 de outubro de 1928.

Ajudar-me-eis a dar graças ao Senhor e a pedir-Lhe que, por maiores que sejam as minhas fraquezas e as minhas misérias, nunca esfrie a confiança e o amor que tenho por Ele, o trato fácil com o Pai, e com o Filho, e com o Espírito Santo. Que isso se note em mim – sem coisas estranhas, não só por fora, mas também por dentro –, e que não perca essa clareza, essa convicção de que sou um pobre homem: «*pauper servus et humilis*!»[2].

---

2 Verso do hino *Sacris Sollemniis*, composto por São Tomás de Aquino para a festa do Corpus Christi: «o pobre, o servo e o humilde».

Tenho-o sido sempre; do primeiro ao último instante da minha vida, precisarei da misericórdia de Deus.

Pedi ao Senhor que eu me deixe trabalhar bem e que – com um sentido sobrenatural cada vez mais profundo – saiba converter estas coisas, que têm um fundamento humano, natural, numa fonte de conhecimento próprio, de humildade, sem esquisitices, com simplicidade.

Quando morreu o Fundador?, perguntam alguns, pensando que a Obra é velha. Não percebem que é muitíssimo jovem; o Senhor quis enriquecê-la já com esta maturidade sobrenatural e humana, embora em algumas regiões estejamos ainda nos começos, tal como a própria Igreja Santa está nos começos, mesmo passados vinte séculos.

Só eu sei como foi que começámos. Sem nada, humanamente falando. Só havia graça de Deus, vinte e seis anos e bom humor. Mas cumpriu-se uma vez mais a parábola da semente; e temos de encher-nos de agradecimento a Nosso Senhor. O tempo foi passando e o Senhor confirmou-nos na fé, concedendo-nos tanto e mais do que víamos naquela altura. Perante esta realidade maravilhosa em todo o mundo – realidade que é como um exército em ordem de batalha para a paz, para o bem, para a alegria, para a glória de Deus –, perante este labor divino de homens e mulheres em tão diferentes situações, de leigos e sacerdotes, com uma expansão encantadora, que encontrará necessariamente pontos de aflição, porque estamos sempre a começar, temos de baixar amorosamente a cabeça, de nos dirigir a Deus e de Lhe dar graças. E também à nossa Mãe do Céu, que esteve presente, desde o primeiro momento, em todo o caminho da Obra.

Temos de sorrir sempre. Temos de sorrir no meio da dureza de algumas circunstâncias, repetindo ao Senhor: *Gratias tibi, Deus, gratias tibi!*[3]. Aproveitai estes momentos da vossa oração para percorrer o mundo, para ver como vão as coisas. Temos de viver a caridade, de impulsionar o trabalho apostólico, de formar as pessoas. Percorrei – dizia-vos – todas as regiões do mundo. Detende-vos especialmente naquela que deve estar mais no vosso coração; detende-vos com ações de graças, pondo em movimento, com a vossa oração, os santos anjos da guarda.

26 Com a proteção dos santos anjos

Terá a data de hoje um aviso estabelecendo que, no gabinete de cada diretor local, haja uma representação do anjo da guarda com estas palavras da Escritura: «*Deus meus misit angelum suum*»[4]. É um costume que tem por fim meter no coração de todos os que governam, e no coração de todos os meus filhos, uma devoção prática, real e constante ao anjo da guarda da Obra, ao de cada centro e ao de cada um.

«*Deus meus misit angelum suum*». Sinto a necessidade de vo-lo explicar. Durante anos, experimentei a ajuda constante, imediata, do meu anjo da guarda, até em detalhes materiais pequeníssimos. A intimidade com os santos anjos e a devoção por eles está no núcleo do nosso labor, é uma manifestação concreta da missão sobrenatural da Obra de Deus. *Gratias tibi, Deus;*

---

3 Obrigado, meu Deus, obrigado!

4 Dan 6, 22: «O meu Deus enviou o seu anjo».

gratias tibi, Sancta Maria Mater nostra![5]. E graças aos anjos da guarda: *Defendite nos in prœlio, Sancti Angeli Custodes nostri!*[6].

Padre, a Obra começou realmente no dia 2 de outubro de 1928? Sim, meu filho, começou no dia 2 de outubro de 1928. A partir desse momento, já não tive *descanso*, e comecei a trabalhar, de má vontade, porque resistia a fundar fosse o que fosse; mas comecei a trabalhar, a mexer-me, a fazer: a lançar os alicerces.

Pus-me a trabalhar, e não era fácil; as almas escapavam-se-me como as enguias escapam na água. Além disso, a incompreensão era brutal; porque o que hoje já é doutrina corrente no mundo, na altura não era. E, se alguém afirmar o contrário, desconhece a verdade.

Eu tinha vinte e seis anos – repito –, a graça de Deus e bom humor; mais nada. Mas, assim como nós, os homens, escrevemos com uma caneta, o Senhor escreve com a perna de uma mesa, para se ver que é Ele que escreve; isso é que é incrível, isso é que é maravilhoso. Era preciso criar toda a doutrina teológica e ascética, e toda a doutrina jurídica. Vi-me perante uma solução de continuidade de séculos: não havia nada. Aos olhos humanos, a Obra era, toda ela, um enorme disparate. Por isso, havia quem dissesse que eu estava louco, e que era um herege, e muitas outras coisas.

O Senhor dispôs os acontecimentos de maneira que eu não contasse nem com um centavo, a fim de que também assim se visse que era Ele. Pensai no sofrimento que causei aos que viviam ao meu redor! É justo que dedique aqui uma lembrança aos meus pais. Com que alegria,

---

5 Obrigado, meu Deus, obrigado, Santa Maria, nossa Mãe!

6 Defendei-nos no combate, santos anjos da guarda!

com que amor enfrentaram tantas humilhações! Eu tinha de ser triturado, como se mói o trigo para preparar a farinha e poder fazer o pão; por isso, o Senhor atingia-me naquilo que eu mais amava... Obrigado, Senhor! Porque esta fornada de pão maravilhoso já está a difundir «o bom odor de Cristo»[7] em todo o mundo; obrigado por estes milhares de almas que glorificam a Deus em toda a Terra. Porque são todos teus.

27 **Ânsia de santidade**

Chegámos ao terceiro ponto da nossa meditação e, neste terceiro ponto, não sou eu que vos proponho determinadas considerações; sois vós que deveis encarar-vos de frente, já que o Senhor nos escolheu para a mesma finalidade, e em vós e em mim nasceu toda esta maravilha universal. Neste momento, cada um deve olhar para si mesmo, para ver se é ou não o instrumento que Deus quer; isto é uma tarefa pessoalíssima, uma tarefa íntima e singular de cada um de vós com Deus.

Convencei-vos, meus filhos, de que o único caminho é o da santidade; no meio das nossas misérias – eu tenho muitas –, com toda a nossa alma, pedimos perdão. E, apesar dessas misérias, sois almas contemplativas. Eu entendo-o assim, não considero só os vossos defeitos, porque reagimos constantemente contra esse lastro, procurando o Senhor, nosso Deus, e sua bendita Mãe, procurando viver as normas que vos indiquei. Temos necessidade de nos dirigir a Deus e a Santa Maria – nossa Mãe –, para

7 2Cor 2, 15.

mantermos um trato constante com eles; não é isto que é próprio das almas contemplativas?

Quando acordei esta manhã, pensei que haveríes de querer que vos dissesse umas palavras e devo ter corado, porque me senti afogueado. Então, indo-me o coração para Deus, vendo que resta tanto por fazer, e pensando também em vós, convenci-me de que não dou tudo o que devo à Obra. Ele, sim; Deus, sim. Por isso, esta manhã viemos renovar a nossa ação de graças. Estou certo de que o vosso primeiro pensamento, no dia de hoje, foi também uma ação de graças.

O Senhor, sim, é fiel. E nós? Deveis responder pessoalmente, meus filhos. Como se vê cada um na sua vida? Não pergunto se vos vedes melhor ou pior, porque às vezes julgamos uma coisa e não somos objetivos. Às vezes, o Senhor permite que nos pareça que andamos para trás; então, apertamos-Lhe a mão com mais força, e enchemo-nos de paz e alegria. Por isso, insisto, não vos pergunto se ides melhor ou pior, mas se fazeis a vontade de Deus, se tendes desejos de lutar, de invocar a ajuda divina, de nunca empregar um meio humano sem empregar ao mesmo tempo os meios sobrenaturais.

Pensai se procurais dilatar o coração, se sois capazes de pedir ao Senhor – porque muitas vezes não somos capazes ou, se Lhe pedimos, pedimo-Lhe para que não no-lo conceda –, se sois capazes de pedir-Lhe, para que vo-lo conceda, serdes vós os últimos e os vossos irmãos os primeiros; serdes vós a luz que se consome, o sal que se gasta. É isto que temos de pedir: que saibamos incomodar-nos, para que os outros sejam felizes. Este é o grande segredo da nossa vida, e a eficácia do nosso apostolado.

28 Santidade para santificar

Ontem à tarde, estava na sala dos mapas. Sem me aperceber, olhei para a porta e tropecei com um desses *despertadores* que estão espalhados por estas casas: «*Elegit nos ante mundi constitutionem ut essemus sancti in conspectu eius*»[8]. Fiquei comovido. Não temos outro remédio senão lutar por ser santos. Esta é a nossa finalidade, não temos outra: santidade, santidade, santidade. As obras apostólicas – que são muitas – não são fins, são meios, como a enxada é o instrumento com que o lavrador tira da terra o fruto que o alimenta. Meus filhos, é por isso que temos de procurar a santidade com todas as nossas forças: «*Elegit nos... ut essemus sancti!*». Peço perdão ao Senhor pelas minhas faltas de correspondência, e graça para corresponder a esta escolha. Se necessário, peço mais graça que a da providência ordinária; nisto, não me importo de me exceder.

Meus filhos, não quero alongar-me. Ajudai-me a encher-me de gratidão e de reconhecimento a Deus Pai, a Deus Filho, a Deus Espírito Santo. E à Mãe de Deus e nossa Mãe, que nos concedeu sorrisos maternais sempre que tivemos necessidade deles. Quando eu tinha vislumbres de que o Senhor queria alguma coisa e não sabia o que era, dizia, gritando, cantando – como podia! –, umas palavras que, com certeza, se não as pronunciastes com a boca, saboreaste-las com o coração: «*Ignem veni mittere in terram et quid volo nisi ut accendatur?*»[9]: vim trazer fogo à Terra, e que quero senão que arda? E a resposta: «*Ecce*

---

8 Ef 1, 4: «Escolheu-nos antes da criação do mundo para sermos santos, na sua presença».

9 Lc 12, 49.

ego quia vocasti me!»[10]: aqui estou, porque me chamaste. Voltamos a dizê-lo agora, todos, ao nosso Deus?

Somos uma pobre coisa, Senhor, mas amamos-Te muito, e desejamos amar-Te muito mais, porque somos teus filhos. Contamos com todo o teu poder e com toda a nossa miséria. Reconhecendo a nossa miséria, correremos, como os filhos pequenos, para os braços da nossa Mãe, para o regaço da Mãe de Deus, que é nossa Mãe, e para o coração de Cristo Jesus. Receberemos toda a fortaleza, todo o poder, toda a audácia, toda a generosidade, todo o amor que Deus Nosso Senhor reserva às suas criaturas fiéis. E estaremos seguros, seremos eficazes e alegres, e cumpriremos – com essa fortaleza divina – a santa vontade de Deus, com a ajuda de Santa Maria.

---

10 1Sam 3, 8.

Sinal de Vida Interior

(10 de fevereiro de 1963)[1i]

Cada pessoa adapta as coisas gerais às suas neces- 29
sidades e às suas circunstâncias concretas. Com o mesmo tipo de tecido, fazem-se fatos muito diferentes: uns maiores, outros mais pequenos, uns mais largos, outros mais estreitos; milhões de homens tomam o mesmo medicamento, e cada um o usa segundo as suas necessidades pessoais. Quando essas particularidades ou essas circunstâncias são mais ou menos permanentes, originam um modo específico de encarar a vida. Todos temos experiência, por exemplo, daquilo a que podemos chamar a psicologia ou o preconceito psicológico da profissão. Um médico, se vai pela rua e repara numa pessoa, talvez pense instintivamente: tem problemas de fígado; se for um alfaiate a ver a mesma pessoa, dirá: está mal vestida; se for um sapateiro, possivelmente pensará: que belos sapatos tem calçados...

Olhai, meus filhos, se isto acontece na vida profissional, nas coisas humanas, também acontece no campo espiritual. Nós temos uma vida interior particular, própria,

---

1 [i] Recolhem-se aqui umas palavras pronunciadas no oratório de Pentecostes, durante uma recolecção (N. do Ed.).

que, em parte, só nos é comum a nós. Uma característica dessa vida interior dos membros da Obra, que deve dar a cada um de nós um modo específico de ver as coisas, é procurarmos ativamente a santidade dos outros. Não amamos a Deus se nos dedicamos a pensar somente na nossa própria santidade; temos de pensar nos outros, na santidade dos nossos irmãos e de todas as almas.

30 Como um *preconceito psicológico*

Depois de eu morrer, podereis quebrar o silêncio que guardo há muito tempo, e gritar, gritar; eu tive de me calar durante anos e anos. Entre os meus papéis, encontrareis muitas exortações à prudência, ao silêncio, a vencer as dificuldades com a oração e a mortificação, com a humildade, com o trabalho e os atos, e não apenas com a língua. Havia uma coisa que me impedia de falar, que me levava a calar-me, e que se relaciona com todo este preâmbulo que estou a fazer. Eu tinha – não é uma coisa minha, é uma graça de Deus Nosso Senhor – a psicologia da pessoa que nunca se sente só, nem humana nem sobrenaturalmente. Tinha um grande compromisso divino e humano. E gostaria que participásseis deste grande compromisso, que persiste e persistirá sempre.

Nunca me senti só. Isso permitiu-me calar-me, perante coisas objetivamente intoleráveis. Poderia ter causado um belo escândalo! Era muito fácil, muito fácil... Mas não, preferi calar-me, preferi ser eu, pessoalmente, o escândalo, porque pensei nos outros.

Não temos outro remédio senão contar com esse – chamemos-lhe assim – *preconceito psicológico* de pensar habitualmente nos outros, ter este ponto de vista determinado, próprio, exclusivamente nosso. Gostaria que pensásseis nisto quando vos dispersardes por todas as regiões. Nunca vos assusteis com a *imprudência* das pessoas; mas nós, os que temos a missão de velar pelos outros, não podemos permitir-nos esse luxo; pelo contrário, temos de nos conceder o *luxo* da prudência, da serenidade, da caridade que não exclui ninguém.

Amar a cruz 31

No Opus Dei, o Senhor deu-nos um sistema para que a cruz que Ele mesmo nos impõe – ou permite que as circunstâncias, as coisas ou as pessoas nos imponham –, para que a cruz que Ele fez para nós não nos pese; esse sistema consiste em amar a cruz de Cristo, em carregar a cruz serenamente, a prumo, sem a deixar cair, sem a arrastar; em abraçar as contrariedades, sejam quais forem – internas e externas –, e saber que todas têm o seu fim, e que todas são um tesouro maravilhoso. Quando se trata realmente da cruz de Cristo, essa cruz já não pesa, porque não é nossa; já não é minha, mas dele, e Ele carrega-a comigo. Deste modo, meus filhos, não há pena que não se vença com rapidez, e ninguém poderá tirar-nos a paz e a alegria.

«*Diligam te, Domine, fortitudo mea*!»[2]: eu Te amo, Senhor, porque Tu és a minha fortaleza: «*quia tu es, Deus, fortitudo mea*»[3]. Descanso em Ti! Não sei fazer coisa alguma, nem grande nem pequena – não há coisas pequenas, se as fizer por amor –, se Tu não me ajudares! Mas, se empenhar a minha boa vontade, o braço poderoso de

---

2 Sl 17, 2.
3 Sl 42, 2.

Deus virá fortalecer, temperar, sustentar, carregar aquela dor; e esse peso já não nos esmaga.

Pensai bem nisto, meus filhos; pensai nas circunstâncias que rodeiam cada um, e sabei que as coisas que aparentemente *não correm bem*, que nos contrariam e nos custam, nos são mais úteis que aquelas que, aparentemente, correm bem sem esforço. Se esta doutrina não for clara para nós, surge o desconcerto, o desconsolo. Pelo contrário, se tivermos apreendido bem toda esta sabedoria espiritual, aceitando a vontade de Deus – ainda que custe – nessas circunstâncias precisas, amando a Cristo Jesus e sabendo-nos corredentores com Ele, não nos faltará a clareza, a fortaleza para cumprirmos o nosso dever, a serenidade.

Dizei a Jesus comigo: Senhor, só queremos servir-Te! Só queremos cumprir os nossos deveres particulares e amar-Te como enamorados! Faz-nos sentir o teu passo firme ao nosso lado. Sê o nosso único apoio. Nada vos roubará a paz, meus filhos; se viverdes com essa confiança, nada poderá tirar-vos a alegria, ninguém poderá fazer vacilar a nossa serenidade; na vida, tudo tem conserto menos a morte, e a morte, para nós, é vida.

32 Desportivismo na luta ascética

«Não sabeis que, dos que correm no estádio, todos correm, mas somente um alcança o prémio?»[4]. Se, dentro da Igreja, alguma ascética tem este carácter desportivo, é a ascética própria da nossa Obra. O desportista insiste, o bom desportista dedica muito tempo a treinar-

---

4 1Cor 9, 24.

-se, a preparar-se. Se o seu desporto é saltar, tenta uma vez e outra. Colocam-lhe a barra mais alta, e talvez não consiga transpô-la; mas porfia tenazmente, até que ultrapassa o obstáculo.

Meus filhos, a vida é isto. Se começais e recomeçais, as coisas andam bem. Se tiverdes moral de vitória, se houver luta, com a ajuda de Deus, acabareis por saltar! Não há dificuldade que não se vença! Cada dia será para nós uma ocasião de nos renovarmos, com a certeza de que chegaremos ao termo do nosso caminho, que é o amor.

É uma pena ver aqueles que, se torcem um pé, não sabem sofrer com espírito cristão, desportivo, nem toleram a intervenção do médico e do massagista, e afirmam que não querem voltar a saltar!

«Quem se prepara para a luta» – leio-vos de novo umas palavras de São Paulo –, «de tudo se abstém, e fá-lo para alcançar uma coroa perecível, mas nós esperamos a coroa eterna»[5]. É preciso empregar os meios, aqueles que a nossa debilidade consentir. Há muita gente que leva uma vida sacrificada por motivos simplesmente humanos; essas pobres criaturas não se lembram de que são filhos de Deus, e agem talvez por soberba, para sobressair: «de tudo se abstêm». E tu, meu filho, que tens a Obra, tua Mãe, que tens os teus irmãos, meus filhos, que fazes, com que sentido de responsabilidade reages?

Mais de uma vez tinho dito a quem torce um tornozelo, a quem desloca um pulso, que não estão sós. Tu, meu filho, não tens o direito de olhar para trás, de condenar a tua alma ou, pelo menos, de te colocares em grave e iminente perigo de a perder. Nem tens o direito de largar

---

5 1Cor 9, 25.

essa carga que o Senhor, amorosa e confiadamente, colocou sobre os teus ombros. Não tens o direito de prescindir da Obra e dos teus irmãos, das tuas responsabilidades. Eu quero pedir-Te, Jesus, Senhor nosso, que nunca mais nos afastemos do caminho por causa das dificuldades, que nunca mais deixemos de tomar a tua cruz e a pôr gostamente sobre nós.

Vedes como em tudo se manifesta essa *psicologia* de que vos falava? Vedes como fazemos oração do nosso ponto de vista, à nossa medida, conforme as nossas necessidades pessoais, que não são somente nossas, mas de todos os vossos irmãos, da Obra inteira? Ensinai aos outros esta doutrina, adaptando-a às circunstâncias pessoais de cada um. Levai aos vossos irmãos este pensamento que vos tenho pregado tanto. Repeti por toda a parte as coisas que considerámos juntos neste tempo de oração.

«Eu corro, não como quem corre ao acaso; combato, não como quem açoita o ar, mas castigo o meu corpo e escravizo-o, não seja que, tendo pregado aos outros, venha eu a ser réprobo»[6]. Pensa se tu e eu podemos dizer isto, com o apóstolo. Meus filhos, parece-me que, para a oração de hoje, já basta. Temos de ser fiéis às pequenas mortificações, as correntes, as de cada dia. E de receber todas as mortificações passivas que o Senhor nos mandar, tendo uma vida pessoal de tal qualidade que seja impossível sermos «réprobos», como diz São Paulo.

Um homem que luta, que começa e recomeça, que se agarra uma vez e outra à cruz de Cristo, avança. Mas devemos pôr sempre, até no mais pequeno cumprimento, um motivo de preocupação pelos outros, pelos vos-

---

6 1Cor 9, 27.

sos irmãos. Temos de pensar constantemente – como um modo muito nosso de ver as coisas – que não estamos sós, que não é lógico que estejamos sós. Temos de pensar sempre nos outros, em todas as almas.

Os passos de Deus

(14 de fevereiro de 1964)[1i]

Quando faço a minha oração em voz alta, é, como sempre, para que a sigais por vossa conta e aproveitemos todos um pouco, com vontade de ir à raiz da minha vida, vendo como Deus Nosso Senhor foi preparando as coisas para que a minha vida fosse normal e corrente, sem nada de chamativo. 33

Fez-me nascer num lar cristão, como costumam ser os do meu país, com pais exemplares, que praticavam e viviam a sua fé, dando-me uma liberdade muito grande desde pequeno, ao mesmo tempo que me vigiavam com atenção. Procuraram dar-me uma formação cristã, e foi em casa que a adquiri, mais do que na escola, embora me tivessem posto num colégio de religiosas aos três anos, e num de religiosos aos sete.

Um lar cristão 34

Tudo normal, tudo corrente, e os anos foram passando. Nunca pensei ser sacerdote, nunca pensei dedicar-me

---

1 [i] Esta meditação foi pregada no oratório de Pentecostes, no aniversário da fundação da secção feminina do Opus Dei e da Sociedade Sacerdotal da Santa Cruz (N. do E.).

a Deus. O problema não se me tinha colocado, porque achava que isso não era para mim. Mas o Senhor ia preparando as coisas, ia-me dando uma graça após outra, passando por alto os meus defeitos, os meus erros de criança e os meus erros de adolescente...

Esse caminho pelo qual Deus me conduzia levou-me a ter repugnância pelo espetáculo, pelo que parece sair do normal, configurando desta maneira uma das características do nosso espírito: a simplicidade, não chamar a atenção, não exibir, não esconder. Como prova aquele pormenor que vos contei tantas vezes: quando vestia uma roupa nova, escondia-me debaixo da cama e recusava-me teimosamente a sair à rua... E a minha mãe dava umas pancadinhas delicadas no chão com uma das bengalas que o meu pai usava, e então eu saía; mas saía por medo da bengala, mais nada.

Em casa, nunca me bateram. O meu pai só me deu um tabefe uma vez, e não deve ter sido muito forte. Nunca me impunham a vontade deles; davam-me pouco dinheiro, pouquíssimo, mas com liberdade para o gastar. O Senhor e Pai dos Céus, que me olhava com mais carinho que os meus pais, permitia que eu também sofresse humilhações; as humilhações que pode sofrer uma criança que já não é assim tão pequena: naquela altura, eu teria uns doze ou treze anos.

Sempre fiz sofrer muito os que tinha à minha volta. Não provoquei catástrofes, mas o Senhor, para bater em mim, que era o cravo – perdão, Senhor –, dava uma no cravo e cem na ferradura. E vi no meu pai a personificação de Job: perderam três filhas, uma atrás da outra, em anos consecutivos, e ficaram sem fortuna. Senti as ferroadas dos meus colegas, porque as crianças não têm coração, ou não têm cabeça, ou talvez não tenham cabeça nem coração...

E a vida continuou. A do meu pai, de modo heroico, depois de ter contraído o clássico mal – percebo-o agora – que, segundo os médicos, se contrai quando se passa por grandes desgostos e preocupações. Restavam-lhe dois filhos e a minha mãe; e fez-se forte, não se poupando a humilhação alguma para nos proporcionar uma vida decorosa. E podia ter ficado com uma posição brilhante para aqueles tempos, se não tivesse sido um cristão e um cavalheiro, como dizem na minha terra.

Não creio que precise de sufrágios; se precisa, faço-os neste momento. Vi-o sofrer com alegria, sem exteriorizar o sofrimento. E vi uma valentia que foi uma escola para mim, porque, ao longo do tempo, senti muitas vezes que me faltava o chão e que o céu me caía em cima, como se fosse ficar esmagado entre duas pranchas de ferro.

Com essas lições e a graça do Senhor, talvez eu tenha perdido a serenidade numa ou noutra ocasião, mas foram poucas vezes.

A época dos *pressentimentos* 35

O tempo foi passando e vieram as primeiras manifestações do Senhor: os pressentimentos de que Ele queria qualquer coisa, qualquer coisa. Nasceu o meu irmão, quando os meus pais já estavam esgotados pela vida. Tinha eu dezasseis anos, quando a minha mãe me chamou para me comunicar: vais ter outro irmão. Com isso, toquei a graça de Deus com as mãos; vi ali uma manifestação de Nosso Senhor. Não estava à espera.

O meu pai morreu esgotado. Tinha um sorriso nos lábios e uma simpatia particular. Não o digo ofuscado pelo carinho filial, porque eu não era um filho exemplar:

revoltava-me com a situação daquela época. Sentia-me humilhado. Peço perdão.

Deus Nosso Senhor queria fazer daquela pobre criatura que não se deixava trabalhar a primeira pedra desta nova arca da aliança, à qual viriam gentes de muitas nações, de muitas raças, de todas as línguas.

Acorrem-me ao pensamento tantas manifestações do amor de Deus! O Senhor foi-me preparando apesar de mim, com coisas aparentemente inocentes, das quais Se valia para despertar na minha alma uma sede insaciável de Deus. Por isso, compreendi muito bem aquele amor tão humano e tão divino de Teresa do Menino Jesus, que se comove quando vê aparecer entre as páginas de um livro uma gravura com a mão ferida do Redentor. Comigo também aconteceram coisas deste estilo, que me abalaram e me levaram à comunhão diária, à purificação, à confissão... e à penitência.

E um belo dia disse ao meu pai que queria ser sacerdote; foi a única vez em que o vi chorar. Ele tinha outros planos possíveis, mas não se insurgiu. Disse-me: «Meu filho, pensa bem. Os sacerdotes têm de ser santos... É muito duro não ter casa, não ter lar, não ter um amor na Terra. Pensa um pouco mais, mas eu não me oporei». E levou-me a falar com um sacerdote seu amigo, o abade da colegiada de Logronho.

Aquilo não era o que Deus me pedia, e eu apercebia-me disso; não queria ser sacerdote para ser sacerdote, o *cura*, como se diz em Espanha. Tinha veneração pelo sacerdócio, mas não queria um sacerdócio desse género para mim.

O tempo foi passando e aconteceram muitas coisas duras, tremendas, que não vos conto, porque a mim não me causam pena, mas causar-vos-iam a vós. Eram machadadas que Deus Nosso Senhor desferia para preparar – dessa árvore – a viga que, apesar dela mesma, ia servir para fazer a sua Obra. Eu, quase sem o perceber, repetia: *Domine, ut videam*!, *Domine, ut sit*![2]. Não sabia o que era, mas continuava em frente, em frente, sem corresponder à bondade de Deus, mas à espera do que haveria de receber mais tarde: uma coleção de graças, uma atrás da outra, que não sabia como classificar e a que chamava operativas, porque dominavam de tal maneira a minha vontade que quase não tinha de fazer esforço. Continuava em frente, sem coisas estranhas, trabalhando apenas com intensidade mediana... Foram os anos de Saragoça.

Domine, ut sit!; e também *Domina, ut sit*![3]. Hoje é um dia de ação de graças. Porque o Senhor teve muita paciência comigo, e, do ponto de vista sobrenatural, fez-me santificar os que tinha ao meu redor. E eu estou como estou, nesta data.

Um jogo divino 36

E chegou o dia 2 de outubro de 1928. Eu estava a fazer uns dias de retiro, porque tinha de os fazer, e foi então que o Opus Dei veio ao mundo. Ainda ressoam aos meus ouvidos os sinos da igreja de Nossa Senhora dos Anjos, festejando a sua Padroeira. O Senhor, «*ludens* [...] *omni tempore, ludens in orbe terrarum*»[4], que brinca connosco como um pai com os seus filhos pequenos, embora já não sejamos criaturas de pouca idade, vendo a minha

---

2 Senhor, que eu veja!, Senhor, que seja!

3 Senhora, que seja!

4 Prov 8, 30-31.

resistência e aquele trabalho entusiasta e débil ao mesmo tempo, deu-me a aparente humildade de pensar que poderia haver no mundo coisas que não se diferenciassem do que Ele me pedia. Era uma cobardia pouco razoável; era a cobardia do comodismo, e a prova de que não me interessava ser fundador de nada...

Na altura, não era melhor do que sou agora; era um pobre homem. Não podia haver jamais da minha parte, enquanto isto acontecia, algo que, nem de longe, pudesse parecer coisa minha. Era um amor, uma prova do amor de Deus, que saía dos trilhos da providência ordinária – porque houve intervenções extraordinárias, quando foi necessário; se eu dissesse o contrário, mentiria –, e que eu recebia com medo. Quando isso acontecia, sentia imediatamente aquele *sou Eu.* Com a minha cabeça, quando examinava friamente a situação, não via ali nada que fossem nervos: era uma coisa de Deus; e dirigia-me tranquilamente – embora vacilando – ao meu confessor.

Para que não houvesse dúvidas de que era Ele quem queria realizar a sua Obra, o Senhor servia-Se de coisas externas. Eu tinha escrito: *Nunca haverá mulheres – nem a brincar – no Opus Dei.* E, poucos dias depois, o 14 de fevereiro; para que se visse que não era coisa minha, mas contra a minha inclinação e contra a minha vontade.

Eu ia a casa de uma senhora de oitenta anos, que se confessava comigo, celebrar missa num pequeno oratório que ela tinha. E foi aí, depois da comunhão, na missa, que a secção feminina veio ao mundo. Depois, a seu tempo, fui falar com o meu confessor, que me disse: «Isto é tão de Deus como o resto».

Essas intervenções do Senhor eram coisas que me comoviam, que me perturbavam, que me levavam – apesar das quatro cadeiras, ou talvez seis, de Sagrada Escritura que fiz, com as melhores classificações – a ignorar, naquele momento, tudo o que diz o Evangelho. *Ai, meu Deus, isto é o demónio*! Em certa ocasião, fui de Santa Isabel até casa da minha mãe para ver o que estava escrito no Evangelho. E encontrei tudo exatamente...

Quando estava roído de preocupações, ante o dilema de passar ou não de um lado para o outro durante a guerra civil espanhola, no meio daquela perseguição, para fugir dos comunistas, tive outra prova externa: a rosa de madeira. Coisas assim. Deus trata-me como a um pobre menino a quem é preciso dar provas tangíveis, mas de modo ordinário.

Assim, por processos muito comuns, Jesus, Senhor Nosso, o Pai e o Espírito Santo, com o sorriso amabilíssimo da Mãe de Deus, da Filha de Deus, da Esposa de Deus, foram-me empurrando para diante, sendo o que sou, um pobre homem, um burrico que Deus quis tomar pela mão: «*Ut iumentum factus sum apud te, et ego semper tecum*»[5].

Recentemente, houve um sacerdote que criticou *Caminho*, dizendo que ele não é a lata do lixo, que o corpo há de ressuscitar. Esquece-se do que São Paulo escreve: «Encaro todas as coisas como lixo»[6]; e, noutra passagem: «Somos tratados como o esterco do mundo, como a escória de todos»[7]. E das inúmeras vezes em que a Sagrada Escritura ensina que somos de barro, formados do pó da terra[8]. O Senhor fez-me entender isso muito claramente,

---

5 Sl 82, 23: «Sou como um jumento diante de Ti, e estou sempre contigo».

6 Fil 3, 8.

7 1Cor 4, 13.

8 Gen 3, 19. 18, 27; Job 10, 9.

de modo que... nem sequer a lata, mas o que há dentro da lata: é isso que me sinto. Perdão, Senhor, perdão.

37 Uma nova carícia

Vamos terminar. Chegou o dia 14 de fevereiro de 1943. Não havia maneira de encontrar a solução jurídica adequada para os nossos sacerdotes. Entretanto, recrudescia a perseguição – não há outra palavra no dicionário para exprimir o que acontecia –, em que eu já não era o caixote do lixo, mas a escarradeira de toda a gente. Toda a gente se sentia com direito de cuspir sobre este pobre homem; e é verdade que tinham direito e continuam a tê-lo, mas era exercido pelos que se chamavam bons e pelos que não o eram tanto.

Os vossos irmãos eram todos uns santos; mas eu escolhi para o sacerdócio três que, economicamente, ajudavam muito... E, novamente na missa, o Senhor fez-me ver a solução, com outra prova tangível: aquilo a que chamamos o selo, e o nome de Sociedade Sacerdotal da Santa Cruz. Ninguém soube, exceto o Álvaro, a quem contei imediatamente, e desenhei o selo.

Meus filhos, o que vos quero dizer? Que demos graças a Deus Nosso Senhor, que fez tudo muito bem, porque eu nunca fui o instrumento apropriado. Pedi comigo ao Senhor, pelos méritos e a intercessão de sua Mãe, que é a nossa Mãe, que nos faça a todos instrumentos bons e fiéis.

O nosso caminho na terra

(26 de novembro de 1967)[1i]

Sentimo-nos abalados, filhos da minha alma, cada vez que ouvimos no fundo do nosso coração aquele grito de São Paulo: «*Hæc est voluntas Dei, sanctificatio vestra*»[2]. Há quarenta anos que não faço outra coisa senão pregar o mesmo. Digo-o a mim próprio, e repito-o a vós e a todos os homens: esta é a vontade de Deus, que sejamos santos. 38

Não tenho outra receita. Para pacificar as almas, para abalar a Terra, para procurar Deus Nosso Senhor no mundo e através das coisas do mundo, não conheço outra receita que não seja a santidade pessoal. Por isso, costumo dizer que só tenho uma panela.

O caminho da oração 39

«*Invocabitis me* [...], *et ego exaudiam vos*»[3]: invocar-Me-eis e Eu ouvir-vos-ei. E invocamo-lo falando-Lhe,

---

1 [i] Palavras pronunciadas no oratório de Pentecostes em 26 de novembro de 1967, durante uma reunião de vigários do Opus Dei (N. do E.).

2 1Tess 4, 3: «Esta é a vontade de Deus, a vossa santificação».

3 Jer 29, 12.

dirigindo-nos a Ele na oração. Por isso, tenho de vos dizer também, com o apóstolo: «*Conversatio autem nostra in cœlis est*»[4]: a nossa conversa está nos Céus. Nada nos pode separar da caridade de Deus, do amor, da constante relação com o Senhor. Começamos com orações vocais, que muitos – provavelmente todos, como eu – aprendemos da boca das nossas mães: coisas doces e ardentes dirigidas à Mãe de Deus, que é nossa Mãe. Também eu, de manhã e à tarde, não uma vez, mas muitas, repito: «Ó Senhora minha, ó minha Mãe! Eu me ofereço todo a vós. E, em prova da minha devoção para convosco, vos consagro neste dia os meus olhos, os meus ouvidos, a minha boca, o meu coração...» O que é isto senão contemplação verdadeira, uma manifestação de amor? Que dizem uma à outra as pessoas que se amam, que se dão, que se entregam? Sacrificam-se pela pessoa que amam. E nós demo-nos a Deus de corpo e alma: «inteiramente todo o meu ser».

Alguma vez pensastes como na Obra nos ensinam a amar as coisas do Céu? Primeiro uma oração, depois outra, e outra..., até que quase não se pode falar com a língua, porque as palavras são pobres..., e fala-se com a alma! Nessa altura, sentimo-nos como cativos, como prisioneiros; e, enquanto fazemos com a maior perfeição possível, dentro dos nossos erros e limitações, as coisas que dizem respeito à nossa profissão, a alma anseia escapar-se. Foge! Voa para Deus, como o ferro atraído pela força do íman.

«*Et reducam captivitatem vestram de cunctis locis*»[5]: livrar-vos-ei do cativeiro, estejais onde estiverdes. Com a

---

4 Fil 3, 20.
5 Jer 29, 14.

oração, deixamos de ser escravos. Sentimo-nos e somos livres, voando num epitalâmio de alma enamorada, numa canção de amor, rumo à união com Deus! É um modo novo de existir na Terra, um modo divino, sobrenatural, maravilhoso. Por isso – recordando tantos escritores espanhóis quinhentistas –, gosto de dizer que vivo porque não vivo; que é Cristo que vive em mim![6] E sinto a necessidade de trabalhar na Terra durante muitos anos, porque Jesus tem poucos amigos cá em baixo. Desejai viver, meus filhos; devemos viver muito tempo, mas desta maneira, em liberdade: «*In libertatem gloriæ filiorum Dei*»[7], «*qua libertate Christus nos liberavit*»[8]: com a liberdade dos filhos de Deus, que Jesus Cristo nos alcançou morrendo sobre o madeiro da cruz.

A Jesus por Maria 40

E como tornamos nossa essa vida? Seguindo o caminho que a Virgem Santíssima, nossa Mãe, nos ensina: uma senda muito ampla, mas que passa necessariamente por Jesus.

Todas as mães da Terra gostam de se sentir amadas pelos filhos, mas todas nos ensinaram a dizer *papá* antes de *mamã*. Tenho uma experiência recente: em Pamplona, numa daquelas reuniões com muitas centenas de pessoas, peguei numa das crianças que me entregavam para abençoar e ergui-a acima da minha cabeça; a criança tinha uma chupeta na boca e, ao sentir-se erguida, soltou-a,

---

6 Cf. Gal 2, 20.

7 Rom 8, 21: «Na liberdade da glória dos filhos de Deus».

8 Gal 4, 31: «Naquela liberdade para que Cristo nos libertou».

feliz, e escapou-lhe um grito: «Papá!». Pelos vistos, o pai fazia-lhe o mesmo que eu lhe fiz.

Também nós, meus filhos, para chegarmos a Deus, temos de enveredar pelo caminho adequado, que é a humanidade santíssima de Cristo. Foi por isso que, desde o início, ofereci muitos livros sobre a Paixão do Senhor: porque é o canal perfeito para a nossa vida contemplativa. E é por isso que também está dentro do nosso espírito – e procuramos praticá-la diariamente – a contemplação do santo rosário, com todos os mistérios: para que, com o gozo, a dor e a glória de Santa Maria, penetre na nossa cabeça e na nossa imaginação a vida assombrosa do Senhor, nos seus trinta anos de obscuridade..., nos seus três anos de vida pública..., e na sua Paixão afrontosa e gloriosa ressurreição.

Quando nos damos a Deus de verdade, quando nos dedicamos ao Senhor, às vezes Ele permite que passemos pela dor, a solidão, as contradições, as calúnias, as difamações, as zombarias, por dentro e por fora; porque quer conformar-nos à sua imagem e semelhança, e talvez faça com que nos chamem loucos e nos tomem por néscios.

Então, ao admirarmos a humanidade santíssima de Jesus, vamos descobrindo uma a uma as suas chagas. E, nesses momentos de purificação passiva, dolorosos, fortes, de lágrimas – doces e amargas! – que procuramos esconder, sentimo-nos inclinados a meter-nos dentro de cada uma daquelas chagas, para nos purificarmos, para nos deleitarmos nesse sangue redentor, para nos fortalecermos. Metemo-nos aí como as pombas que, no dizer da Escritura[9], se escondem nas concavidades das rochas em momentos de tempestade.

---

9 Cf. Cant 2, 14.

Quando a carne quiser recuperar os seus foros perdidos ou a soberba, que é pior, se encabritar, recorramos às chagas de Cristo! Vai como mais te comover, filho, como mais te comover; mete nas chagas do Senhor esse amor humano... e esse amor divino. Pois isto é procurar a união, sentir-se irmão de Cristo, seu consanguíneo, filho da mesma Mãe, porque foi ela que nos levou até Jesus.

Por Cristo, à Santíssima Trindade 41

Mais tarde, a alma precisa de chegar ao trato com cada uma das Pessoas divinas. É uma descoberta, como as que faz um menino pequeno na vida terrena, essa que a alma realiza na vida sobrenatural. E começa a falar com o Pai e com o Filho e com o Espírito Santo; e a sentir a atividade do Paráclito vivificador, que Se nos dá sem que o mereçamos: os dons e as virtudes sobrenaturais! E, sem disso nos apercebermos, chegamos de algum modo à união.

Fomos «*quemadmodum desiderat cervus ad fontes aquarum*»[10]: como o cervo que anseia pelas fontes das águas, com sede, gretada a boca, com secura. Queremos beber nesse manancial de água viva. E, sem fazer coisas estranhas, ao longo do dia, com a formação que se recebe na Obra – que se baseia em descomplicar a alma humana –, chega-se a esse abundante e claro veio de frescas linfas que brotam para a vida eterna[11]. Então, já não se fala, porque a língua não sabe expressar-se; já o entendimento se aquieta. Não se fala, fita-se! E a alma não se contém e canta, porque se

---

10 Sl 41, 2.
11 Cf. Jo 4, 14.

sente e se sabe amorosamente olhada por Deus em todos os momentos.

Não sabeis o consolo que senti quando, depois de repetir durante anos e anos que, para uma alma contemplativa, até o sono é oração, encontrei um texto de São Jerónimo que diz o mesmo.

Só com uma dedicação completa – dentro das nossas imperfeições, com a humilhação dos nossos fracassos internos, que nos levam a voltar todos os dias para Deus – se consegue regressar ao caminho principal quando há obstáculos. Tenho-vo-lo dito muitas vezes: eu faço constantemente o papel de filho pródigo. É esse o momento da contrição, do amor, da fusão da criatura, que é nada, com o seu Deus e o seu amor, que é tudo.

Meus filhos, não vos falo de coisas extraordinárias. São, têm de ser, fenómenos ordinários da nossa alma. E é por aí que deveis levar os vossos irmãos: até essa loucura de amor que ensina a saber sofrer e a saber viver, porque Deus nos concede o dom da sabedoria. Que serenidade, que paz, se alcança então!

Ascética? Mística? Não saberia dizer. Seja o que for, ascética ou mística, tanto faz: é um dom de Deus. Se procurares meditar, chegará um momento em que o Senhor não te negará os seus dons; ser-te-ão concedidos pelo Espírito Santo. Fé, meus filhos, e obras de fé. Porque isso já é contemplação e é união. E esta é a vida dos meus filhos no meio dos afãs do mundo, mesmo que nem sequer se apercebam disso. Um tipo de oração e de vida que não nos afasta das coisas da Terra, que, no meio delas, nos leva a Deus. E, ao levar as coisas terrenas a Deus, a criatura diviniza o mundo. Falei tantas vezes do mito do rei Midas...! Convertemos em ouro tudo aquilo em que tocamos, apesar dos nossos erros pessoais.

Contemplativos na vida ordinária 42

«*Benedixisti*», lê-se na Sagrada Escritura, «*Domine, terram tuam; avertisti captivitatem Iacob*»[12]: Senhor, abençoaste a tua terra, destruíste o cativeiro de Jacob. Repito que já não nos sentimos escravos, mas livres: tudo nos leva a Deus. E, nesse caminhar pela senda do Opus Dei, vamos seguros, porque temos uma orientação que nos impede de nos enganarmos: a confissão e a conversa confidencial com o vosso irmão, se forem sinceras, se não se deixar entrar o demónio mudo. No nosso caminho espiritual, temos, em cada momento, algo parecido com esses sinais que se veem nas estradas para orientar os viajantes. Não é possível – repito –, de modo algum, que um membro do Opus Dei – se for fiel ao nosso espírito – se extravie nas voltas e revoltas da sua vida interior.

Assim, a alma inflama-se com as luzes do Cântico: «*Surgam et circuibo civitatem*»[13]: levantar-me-ei e rondarei pela cidade... E não só pela cidade: «*Per vicos et plateas quæram quem diligit anima mea*»[14]: procurarei pelas ruas e praças aquele que a minha alma ama... Correrei de um lado ao outro do mundo – por todas as nações e aldeias, por caminhos e atalhos – para procurar a paz da minha alma. E encontro-a nas coisas que vêm de fora, que não são um estorvo para mim; pelo contrário, são vereda e degrau para me aproximar mais e mais, e mais e mais me unir a Deus.

E, quando chega a época – que tem de chegar, com mais ou menos força – dos contrastes, da luta, da tribu-

---

12 Sl 84, 2.
13 Cant 3, 2.
14 *Ibid.*

lação, da purificação passiva, o salmista põe-nos na boca e na vida aquelas palavras: «*Cum ipso ero in tribulatione*»[15]: estou com Ele no tempo da adversidade. Que vale, Jesus, diante da tua cruz, a minha, diante das tuas chagas, os meus arranhões? Que vale, diante do teu amor imenso, puro e infinito, esta cruz pobrezinha que puseste na minha alma? E os vossos corações e o meu enchem-se de um zelo santo, «*ut nuntietis ei quia amore langueo*»[16]: para que Lhe digais que morro de amor. É uma doença nobre, divina; somos os aristocratas do amor no mundo!, posso afirmar, usando a expressão de um velho amigo.

Não somos nós que vivemos, é Cristo quem vive em nós[17]. Há uma sede de Deus, um desejo de procurar as suas lágrimas, as suas palavras, o seu sorriso, o seu rosto... Não encontro melhor modo de o dizer que voltar a empregar as frases do salmo: «*Quemadmodum desiderat cervus ad fontes aquarum*»[18]: como o veado anseia pelas fontes das águas, assim a minha alma anseia por Vós, meu Deus!

Paz. Sentirmo-nos metidos em Deus, endeusados. Refugiarmo-nos no lado aberto de Cristo. Sabermos que cada um espera ansiosamente o amor de Deus: do Pai, e do Filho, e do Espírito Santo. E o zelo apostólico inflama-se, aumenta cada dia, porque o bem é difusivo. Queremos semear a alegria e a paz no mundo inteiro, regar todas as almas com as águas redentoras que brotam do lado aberto de Cristo, fazer todas as coisas por amor. Então, não há tristezas, nem penas, nem dores; elas desaparecem

---

15 Sl 90, 15.
16 Cant 5, 8.
17 Cf. Gal 2, 20.
18 Sl 41, 2.

quando se aceita deveras a vontade de Deus, quando se cumprem com gosto os seus desejos, como fazem os filhos fiéis, ainda que os nervos se esgotem e o suplício pareça insuportável.

Intimidade com os anjos da guarda 43

Meus filhos, repito-vos que não falo de um caminho extraordinário. O mais extraordinário, para nós, é a vida ordinária. Esta é a contemplação a que devemos chegar todos nós, os membros do Opus Dei, sem nenhum fenómeno místico externo, a não ser que o Senhor Se empenhe em abrir uma exceção.

Por isso, não abandonamos as nossas devoções habituais, que nos amarram bem a esta barca do Senhor em que estamos metidos, que é o Opus Dei. E tentamos nunca perder a amizade com os santos anjos da guarda – e os sacerdotes, também com o seu arcanjo ministerial. É altamente provável a opinião de que os sacerdotes têm um anjo especialmente encarregado de cuidar deles. Mas há muitos, muitíssimos anos, li que cada sacerdote tem um arcanjo ministerial, e fiquei comovido; compus uma espécie de *aleluia* como jaculatória, e repito-a ao meu de manhã e à noite. Às vezes, penso que não posso ter esta fé simplesmente porque sim, por houve um Padre da Igreja, cujo nome nem sequer recordo, que escreveu isto. Então, considero a bondade do meu Pai Deus e fico com a certeza de que, rezando ao meu arcanjo ministerial, ainda que não o tivesse, o Senhor mo concederá, para que a minha oração e a minha devoção tenham fundamento.

Todos precisamos de muita companhia, meus filhos: companhia do Céu e da Terra. Sede devotos dos anjos, e dos arcanjos, e dos santos, dos nossos santos padroeiros e intercessores! A amizade é muito humana, mas também é muito divina; tal como a nossa vida, que é humana e divina. Estais lembrados do que diz o Senhor? «*Iam non dicam vos servos* [...], *vos autem dixi amicos*»[19]: já não vos chamo servos, mas amigos. É preciso ter amizade com os amigos de Deus que já moram no Céu, e com as criaturas que estão na Terra, muitas vezes afastadas do Senhor.

44 Uma escolha divina

Foi assim que Deus quis que nascesse a nossa Obra, filhos da minha alma. Foi assim que germinou o espírito do Opus Dei: considerando a vossa pequenez e a minha, e a grandeza dele; pensando que nós não somos nada, e Ele é tudo; que nós não sabemos nada, e Ele é a sabedoria; que nós somos fracos, e Ele é a fortaleza: «*quia Tu es, Deus, fortitudo mea*!»[20].

Uma vez por outra, será conveniente que mediteis com calma naquelas palavras divinas que enchem a alma de temor e deixam nela sabores de favo e de mel: «*Redemi te, et vocavi te nomine tuo, meus es tu*!»[21]: redimi-te e chamei-te pelo teu nome, tu és meu! Não roubemos a Deus o que é seu. Um Deus que nos amou a ponto de dar a vida por nós, e que «*elegit nos in Ipso ante mundi constitutionem, ut essemus sancti et immaculati in conspectu eius*»[22]: nos escolheu desde toda a eternidade, antes da criação do mundo, para que estivéssemos sempre na sua

---

19 Jo 15, 15.
20 Sl 42, 2.
21 Is 43, 1.
22 Ef 1, 4.

presença, e nos oferece continuamente ocasiões de santidade e de entrega.

Para o caso de ficarmos com alguma dúvida, temos outras palavras suas: «*Non vos Me elegistis*»: não fostes vós que Me escolhestes, «*sed Ego elegi vos, et posui vos, ut eatis*»: mas fui Eu que vos escolhi, para que vades longe, pelo mundo fora, «*et fructum afferatis*»: e deis fruto, e já estais a dar!, «*et fructus vester maneat*»[23]: e será abundante o fruto do vosso trabalho de almas contemplativas. Portanto, fé, meus filhos, fé sobrenatural!

Ontem, comovi-me ao ouvir falar de um catecúmeno japonês que ensinava o catecismo a outros, que ainda não conheciam Cristo. E envergonhei-me. Precisamos de mais fé, mais fé! E, com a fé, a contemplação, mais atividade apostólica. Vede o que se lê hoje no breviário: «*Adversarius elevandus sit contra omne quod dicitur Deus et colitur; ita ut audeat stare in templo Dei, et ostendere quod ipse sit Deus*»[24]: o adversário levantar-se-á contra tudo o que se diz Deus e é adorado, a ponto de se atrever a estar no Templo de Deus e a mostrar-se a si mesmo como se fosse Deus. De dentro, querem destruir a fé do povo! De dentro, tentam opor-se a Deus!

Terminarei dizendo com São Paulo aos Colossenses: «*Non cessamus pro vobis orantes*...: não cessamos de orar por vós e de pedir a Deus que alcanceis o pleno conhecimento da sua vontade, com toda a sabedoria e inteligência espiritual»[25]. Contemplativos, com os dons do Espírito Santo, «*ut ambuletis digne Deo per omnia placentes*...: a fim de que tenhais um comportamento digno de Deus,

---

23 Jo 15, 16.
24 Breviário, XXIV Domingo após o Pentecostes.
25 Col 1, 9.

agradando-Lhe em tudo, produzindo frutos com toda a espécie de boas obras e progredindo na ciência de Deus, ajudados em toda a sorte de fortaleza pelo poder da sua graça, para ter sempre uma perfeita paciência e longanimidade, acompanhada de alegria; dando graças a Deus Pai, que nos tornou dignos de participarmos da sorte dos santos, iluminando-nos com a sua luz, que nos arrebatou do poder das trevas e nos transferiu para o Reino de seu Filho muito amado»[26].

Que a Mãe de Deus e nossa Mãe nos proteja, a fim de que cada um de vós e cada um dos vossos irmãos e das vossas irmãs, a Obra inteira, possa servir a Igreja na plenitude da fé, com os dons do Espírito Santo e com a vida contemplativa. Que, cada um no seu estado e no cumprimento dos deveres que lhe são próprios, cada um no seu ofício e profissão, e no cumprimento dos deveres do seu ofício e profissão, sirva alegremente a Esposa de Cristo no lugar onde o Senhor o colocou, sabendo aperceber-se das manhas dos que tentam enganar as almas com teorias falsas, muitas vezes difíceis de desmascarar. São pessoas que se apresentam como *teólogos*, mas que não o são; que apenas têm a técnica de falar de Deus, mas não O confessam com a boca, nem com o coração, nem com a vida.

---

26 Col 1, 10-13.

Rezar sem interrupção

(24 de dezembro de 1967)[1i]

45 Que faremos nós hoje, no dia em que os homens celebram a festa de Natal? Em primeiro lugar, uma oração filial, que brota maravilhosamente em nós, porque nos sabemos filhos de Deus, filhos muito queridos de Deus.

Diz São Paulo aos de Corinto: «*Si qua ergo in Christo nova creatura, vetera transierunt, ecce facta sunt omnia nova. Omnia autem ex Deo, qui nos reconciliavit sibi per Christum*»[2]: se alguma criatura está em Cristo, já saíram dela todas as coisas sujas, todas as coisas velhas, tudo o que mancha, tudo o que faz sofrer. A partir de agora, vida nova a sério. Dissemo-lo ao Senhor tantas vezes e parece que ficámos apenas nos desejos. Mas sempre avançámos um bocadinho. E esta noite o Senhor, através da sua Mãe, enviar-nos-á muitas graças novas, para crescermos no amor e na filiação divina.

Havemos de pedir ao Senhor para saber discernir aquilo que é para a sua glória daquilo que O ofende;

---

1 i Na noite de Natal de 1967, São Josemaria esteve a fazer tertúlia com os alunos do Colégio Romano. Recolhem-se aqui as palavras que proferiu nesse encontro de família (N. do E.).

2 2Cor 5, 17-18.

reconhecer o que serve para o bem das criaturas, e o que leva ao mal; o que nos vai tornar felizes, e o que nos vai arrancar a felicidade, a felicidade eterna e a relativa que podemos alcançar nesta Terra.

46 São Paulo diz aos da Galácia uma coisa muito bela a propósito da filiação divina: «*Misit Deus Filium suum* [...], *ut adoptionis filiorum reciperemus*»[3]: Deus enviou o seu Filho Jesus, e fez que tomasse a forma da nossa carne, para recebermos a sua filiação. Olhai, meus filhos, olhai que gratidão devemos ter por este nosso Irmão, que fez de nós filhos do Pai. Já reparastes nos vossos irmãos mais novos, nessas crianças pequenas, filhas dos vossos parentes, que precisam de tudo e de todos? Assim é o Menino Jesus. É bom considerá-lo assim, inerme. Sendo o Todo-poderoso, sendo Deus, fez-Se Menino desvalido, desamparado, necessitado do nosso amor.

Mas, naquela fria solidão, com sua Mãe e com São José, aquilo que Jesus quer, o que Lhe dará calor, é o nosso coração. Portanto, arranca do coração tudo o que atrapalhar! Tu e eu, meu filho, vamos detetar tudo o que atrapalha no nosso coração... e fora! Mas a sério. São João repete no capítulo primeiro: «*Quotquot autem receperunt eum dedit eis potestatem filios Dei fieri*»[4]: deu-nos o poder de sermos filhos de Deus. Deus quis que fôssemos seus filhos. Não estou a inventar nada quando vos digo que a filiação divina é parte essencial do nosso espírito: está tudo na Sagrada Escritura. É verdade que, numa data da história interna da Obra, houve um momento preciso

---

3 Gal 4, 4-5.

4 Jo 1, 12: «Àqueles que O receberam, deu-lhes o poder de se tornarem filhos de Deus».

em que Deus quis que nos sentíssemos seus filhos, que integrássemos a filiação divina no espírito do Opus Dei. Sabê-lo-eis a seu tempo. Deus quis que o Opus Dei fosse a primeira instituição da história da Igreja a viver esta filiação corporativamente.

Façamos, portanto, uma oração de filhos e uma oração contínua. «*Oro coram te, hodie, nocte et die*»[5]: oro diante de ti noite e dia. Não me ouvistes dizer tantas vezes que somos contemplativos, de noite e de dia, até a dormir, que o sono faz parte da oração? Foi o Senhor que o disse: «*Oportet semper orare et non deficere*»[6]. Temos de orar sempre, sempre. Temos de sentir a necessidade de recorrer a Deus depois de cada sucesso e de cada fracasso na vida interior. Especialmente nestes casos, digamos de novo ao Senhor, com humildade: apesar de tudo, sou teu filho! Façamos o papel do filho pródigo.

Como diz a Escritura noutra passagem, orando sempre, não com longas orações vocais[7], mas com oração mental sem ruído de palavras, sem gestos externos. Onde oramos? «*In angulis platearum*»[8]; quando andamos pelas ruas e pelas praças, temos de orar constantemente. Este é o espírito da Obra.

E porque temos de orar sempre? O Senhor res- 47
ponde-nos, com Jeremias: «*Orabitis me, et ego exaudiam vos*»[9]: sempre que recorrerdes a Mim, sempre que fizerdes oração, Eu escutar-vos-ei. «*Exaudi, Domine, vocem*

---

5 Ne 1, 6.

6 Lc 18, 1: «Convém rezar sempre, sem desfalecer».

7 Cf Mt 6, 7.

8 Mt 6, 5: «Nos cantos das ruas».

9 Jer 29, 12.

meam»[10], estarei de ouvido atento. O próprio Cristo Jesus, que é o nosso modelo, apela ao Pai. Não vedes como Ele, que estava unidíssimo – é impossível separá-lo do Pai e do Espírito Santo –, levanta o coração ao Pai antes de cada milagre? E, quando se preparava para escolher os primeiros discípulos, passou a noite em oração: «*pernoctans in oratione*»[11].

Portanto, temos de orar, e orar sempre: são dois propósitos desta noite. E como havemos de orar? Com ações de graças. Demos graças a Deus Pai, demos graças a Jesus, que Se fez menino pelos nossos pecados; que Se abandonou, sofrendo em Belém e na cruz, com os braços abertos, estendidos, com gesto de sacerdote eterno. Não gosto de ver imagens de Jesus Cristo encolhido na cruz, encrespado, como que enraivecido. Não foi assim! Padeceu, como homem, pelos nossos pecados, e sentiu todas as dores: dos açoites, da coroação de espinhos, das bofetadas, das zombarias... Mas está na cruz com dignidade de sacerdote eterno, sem pai nem mãe, sem genealogia. Entrega-Se ali, sofrendo por amor. Dou-Lhe graças porque, por Ele, com Ele e nele, posso chamar-me filho de Deus. Este é outro ponto que é preciso considerar: a ação de graças, apesar das nossas misérias, apesar dos nossos pecados.

E também a petição. O que havemos de pedir? O que pede um menino a seu pai? Papá... a lua!: coisas absurdas. «Pedi e recebereis, batei e abrir-se-vos-á»[12]. O que não podemos pedir a Deus? Aos nossos pais pedimos tudo. Pedi a lua e Ele dar-vo-la-á; pedi-Lhe, sem medo, tudo o que quiserdes, e Ele dar-vo-lo-á, de uma forma ou

---

10 Sl 26, 7: «Ouvi, Senhor, o meu clamor».

11 Lc 6, 12.

12 Mt 7, 7.

de outra. Pedi com confiança. «*Quaerite primum regnum Dei...*»[13]: procurai primeiro o que for para a glória de Deus e o que for de justiça para as almas, aquilo que as unir, aquilo que as elevar, aquilo que as irmanae. E tudo o mais no-lo dará Ele por acréscimo!

Meus filhos, acabei. Não disse nada meu. Está tudo na Sagrada Escritura; é o espírito de Jesus Cristo, que Ele quiz para a sua Obra.

Boa Páscoa de Natal, como se diz na minha terra. Que Deus vos abençoe. E agora, antes de me ir embora, vou dar-vos a bênção.

---

13 Mt 6, 33.

Os sonhos realizaram-se

(9 de janeiro de 1968)[1i]

Meus filhos, só umas palavras. Poucas, porque – ainda que não acrediteis – nós, os velhos, também nos comovemos. 48

Tenho de dizer-vos, em primeiro lugar, que os anos não dão sabedoria nem santidade. Pelo contrário, o Espírito Santo põe na boca dos jovens estas palavras: «*Super senes intellexi, quia mandata tua quæsivi*»[2]: tenho mais sabedoria que os velhos, mais santidade que os velhos, porque procurei seguir os preceitos do Senhor. Não espereis pela velhice para ser santos; seria um grande erro. Mas desde já, seriamente, gozosamente, alegremente, através do trabalho – neste momento, o vosso trabalho é o estudo –, santificai essa tarefa, santificando-vos vós e sabendo que santificais os outros.

Vem-me à memória, neste momento, um velho sacerdote de Valência que morreu em odor de santidade. Quan-

---

1 [i] Esta é a única homilia, em sentido estrito, incluída neste livro. Foi pronunciada por São Josemaria no dia do seu 66º aniversário, 9 de janeiro de 1968, durante a missa que celebrou no oratório de Santa Maria da Paz, que é atualmente a igreja prelatícia do Opus Dei (N. do E.).

2 Sl 118, 100.

do lhe perguntavam quantos anos tinha, respondia sempre: «*Poquets*!, pouquitos, os que passei a servir a Deus». Eu, infelizmente, passei poucos anos a servir a Deus, mas tenho vontade de O servir muito, muito, muito, para depois O amar também muito – como O amo já, ainda que de outra maneira –, com plenitude de amor.

Poucos anos de serviço, pouca sabedoria, pouca plenitude de santidade; tão pouca que sinto o impulso de dizer ao meu Deus que me escuta, a esse Deus que descerá daqui a nada ao altar, aquelas palavras de Jeremias: «*A, a, a, Domine Deus*! *Ecce nescio loqui, quia puer ego sum*»[3]: Senhor, olha que sou um menino, que balbucio, que não sei falar.

E também me vêm à memória os sonhos que tive quando era jovem, sonhos que se realizaram. Na altura, dizia: que acontecerá quando for velho? Sabeis o que era para mim ser velho? Ter quarenta anos! Se bem que haja um amigo nosso encantador a quem – quando andava na escola – mandaram fazer uma redação, um *compito*, como se diz em italiano, a que deu o título: «*Storia di um vecchietto trentenne*»: história de um velho de trinta anos...

Mas, apesar de tudo, alguns dos que estão aqui hão de lembrar-se do que eu dizia aos filhos – na altura, eram poucos – que tinha à minha volta, prevendo esta extensão da Obra de polo a polo, esta expansão, esta grande família que somos... Dizia-lhes: meus filhos, quando tiverdes de enterrar este pobre corpo mortal, não ponhais o meu nome na lousa. E que havemos de pôr?, respondiam-me eles. Ponde: «*Et genuit filios et filias*»[4]: gerou filhos e filhas, como os patriarcas. E não estava a sonhar.

---

3 Jer 1, 6.
4 Gen 5, 16.

Vedes como os sonhos se realizaram? A Obra é hoje uma família sem limites de raça, de língua, de nação; com uma fraternidade real e sobrenatural maravilhosa, em que cada um tem um grande amor à liberdade e à responsabilidade pessoais.

Uma semente de Deus, uma família que se vai estendendo depois de ter rompido a terra seca, porque teve de romper a minha inutilidade, a minha ineficácia; porque teve de romper tanta oposição brutal... As coisas de Deus aparecem assim, pequenas; aparecem com uma violência suave, abrindo caminho com dor e abnegação. O talo nasce depois de a semente ter morrido, e depois nascem as flores, que brilham com cores maravilhosas e aromas embriagantes; e os frutos, os frutos sois vós e as vossas irmãs. Sonhai. Tenho sessenta e seis anos, e os sonhos realizaram-se; e não me sinto velho. Vedes como, com a graça e a bênção de Deus, com a proteção da nossa Mãe bendita, Santa Maria – *Spes nostra, Sedes Sapientiæ, filios tuos adiuva*! *Stella maris, Stella Orientis*[5]: gosto de lhe chamar assim –, a Obra irrompeu, amadureceu, produziu flores e aromas e frutos abundantes no mundo inteiro?

Mas eu estou sempre a recomeçar, meus filhos. Tendes de rezar por mim; rezai muito por mim. Eu rezo por vós, e seria correspondência, mas corresponder é pouco. Por piedade, preciso que me agasalheis, que me ajudeis, que me sustenteis. Rezai por mim, para que seja um menino diante de Deus, forte no trabalho – já sou velho e faz-se-me de noite –, para que saiba receber com alegria o chamamento definitivo, a caminho do amor que pressinto. Pedi, meus queridos, que saiba amar a Santíssima

5 Esperança nossa, Sede de Sabedoria, ajuda os teus filhos! Estrela do mar, Estrela do Oriente.

Virgem como filho, e como filho contemplar as grandezas do Senhor meu Pai, Trino e Uno.

Rezai por mim ao meu anjo da guarda, como eu pedia aos vossos primeiros irmãos – alguns lembrar-se-ão – e aos rapazes de São Rafael que rezassem. Como sempre tive este bendito espírito anticlerical – é uma bênção de Deus ter amor aos sacerdotes e à Igreja santa, e ser santamente anticlerical –, dizia-lhes: não me acompanheis pela rua, não me cumprimenteis. Se me virdes, pedi por mim ao meu anjo da guarda; e, se eu subir a um elétrico e vós lá estiverdes, não venhais sentar-vos ao meu lado; rezai por mim.

Agora que tenho sessenta e seis anos, não só não me arrependo, como vos dou o mesmo conselho. Rezai por mim ao meu anjo da guarda, para que me ajude a ser bom, fiel e alegre; para que possa receber, a seu devido tempo, o abraço de amor de Deus Pai, de Deus Filho, de Deus Espírito Santo e de Santa Maria.

São José, nosso pai e senhor

(19 de março de 1968)[1i]

Celebramos a festa de São José, nosso Pai e Senhor, 49
protetor e padroeiro da Igreja universal e desta família de filhas e filhos de Deus que é o Opus Dei. Às vezes, penso que vos tereis perguntado: como é possível que a devoção a São José tenha na Obra esta raiz, esta profundidade, se é uma devoção relativamente recente, visto que começou a florescer no Ocidente por volta do século XVI? Responder-vos-ei que o carinho, a piedade e a devoção a São José são uma consequência da nossa vida contemplativa. Porque, na Obra, todos estamos obrigados a cultivar muito o trato com Jesus e a Santíssima Virgem; e não podemos manter um trato íntimo com o Senhor e sua Mãe, nossa Mãe bendita, se não estivermos

---

1 [i] O Fundador do Opus Dei pregou esta meditação no oratório de Pentecostes, para as pessoas que viviam no centro do Conselho Geral da Obra. O dia 19 de março, solenidade de São José, é uma festa grande no Opus Dei, que tem São José como padroeiro. Também era o dia do onomástico de São Josemaria, o que conferia à festa litúrgica um especial significado familiar (N. do E.).

muito familiarizados com o Santo Patriarca, que era o chefe da família de Nazaré.

Por outro lado, meus filhos, a Igreja propôs-no-lo, e com razão, como padroeiro da vida interior. Pois haverá alguém com mais vida interior do que José? Haverá alguma criatura que tenha tido um trato mais íntimo com Jesus e com Maria? Haverá alguém mais humilde do que José, que passa totalmente despercebido?

50 Um homem justo e simples

Há uns dias, lendo na missa uma passagem do Livro dos Reis, veio-me à mente e ao coração o pensamento da simplicidade que o Senhor nos pede nesta vida, que é a mesma que José viveu. Quando Naaman, o general da Síria, vai finalmente ter com Eliseu para ser curado da lepra, o profeta pede-lhe uma coisa simples: «Vai lavar-te sete vezes no Jordão, e a tua carne recuperará a saúde e ficarás limpo»[2]. Aquele homem arrogante pensou: por acaso os rios da minha terra não têm uma água tão boa como os desta terra de Eliseu? Foi para isso que vim de Damasco? Esperava uma coisa chamativa, extraordinária. E não! Estás manchado, vai lavar-te, diz-lhe o profeta; e não te laves só uma vez, mas bastantes: sete. A mim parece-me que isto é uma figura dos sacramentos.

Tudo isto me recordou a vida simples, oculta, de José, que só faz coisas correntes. São José passa totalmente despercebido. A Sagrada Escritura mal nos fala dele. Mas apresenta-no-lo a realizar o trabalho de um chefe de família.

---

2 2Rs 5, 10.

Por isso, se São José é padroeiro da nossa vida interior, se é acicate para o nosso caminhar contemplativo, se o trato com ele é um bem para todos os filhos e filhas de Deus no seu Opus Dei, para os que têm na Obra uma função de governo, São José parece-me um exemplo excelente: só intervém quando é necessário e, nessa altura, fá-lo com fortaleza e sem violência. Assim é José.

Não estranheis, portanto, que a missa da sua festa comece com estas palavras: «*Iustus ut palma florebit*»[3]. Assim floresceu a santidade de José: «*Sicut cedrus Lybani multiplicabitur*»[4]. Penso em vós. No Opus Dei, cada um é como um grande pai ou mãe de família, com a preocupação por tantas e tantas almas de todo o mundo. Quando explico às minhas filhas ou aos meus filhos mais jovens que, no trabalho de São Rafael, devem ter um trato especial com três ou quatro ou cinco amigos; que, desses amigos, talvez haja apenas dois que encaixem, mas que depois cada um deles trará três ou quatro amigos presos a cada um dos dedos, o que é isso senão florescer como o justo e multiplicar-se como os cedros do Líbano?

«*Plantatus in domo Domini, in atriis domus Dei nostri*»[5]. Como José, todos os meus filhos estão seguros, com a alma dentro da casa do Senhor. E estão assim vivendo no meio da rua, no meio dos afãs do mundo, sentindo as preocupações dos seus colegas, dos demais cidadãos, nossos iguais.

---

3 Missal Romano, Solenidade de São José, antífona de entrada (Sl 91, 13): «O justo florescerá como a palmeira».

4 *Ibid.*: «Multiplicar-se-á como os cedros do Líbano».

5 *Ibid.*: «Plantados na casa do Senhor, nos átrios do nosso Deus».

Não é de estranhar que a liturgia da Igreja aplique ao Santo Patriarca estas palavras do livro da Sabedoria: «*Dilectus Deo et hominibus, cuius memoria in benedictione est*»[6], dizendo-nos que é amado pelo Senhor e propondo-no-lo como modelo. E convida-nos a que também nós, bons filhos de Deus – ainda que sejamos uns pobres homens, como eu sou –, louvemos este homem santo, maravilhoso, jovem, que é o Esposo de Maria. Esculpiram-mo velho, num relevo do oratório do Padre. E não! Noutros sítios, pedi que o pintassem jovem, como o imagino; talvez tivesse mais uns anos que a Virgem, mas era jovem, forte, na plenitude da idade. Por trás dessa forma clássica de representar São José, como um ancião, esconde-se o pensamento – demasiado humano – de que é difícil a uma pessoa jovem viver a virtude da pureza. Não é verdade. O povo cristão chama-lhe patriarca, mas eu vejo-o assim: jovem de coração e de corpo, e ancião nas virtudes; e, por isso, jovem também na alma.

«*Glorificavit illum in conspectu regum, et iussit illi coram populo suo, et ostendit illi gloriam suam*»[7]. Não esqueçamos que o Senhor quer glorificá-lo. E nós colocámo-lo no cerne do nosso lar, fazendo dele patriarca da nossa casa. Por isso, a festa mais solene e mais íntima da nossa família, aquela em que todos os membros da Obra se reúnem pedindo a Jesus, nosso Salvador, que envie operários para a sua messe, é especialmente dedicada ao Esposo de Maria. Ele é também mediador; ele é o senhor da casa; e

---

6 Lecionário Romano, Solenidade de São José, leitura (Ecli 45, 1): «Amado por Deus e pelos homens, cuja memória é uma bênção».

7 *Ibid.*: «Glorificou-o na presença dos reis, prescreveu-lhe preceitos diante do seu povo e mostrou-lhe a sua glória».

nós descansamos na sua prudência, na sua pureza, no seu carinho, no seu poder. Como não haverá de ser poderoso, o nosso Pai e Senhor São José?

Modelo de alma sacerdotal 51

Quantas vezes me comovi lendo a oração que a Igreja propõe que os sacerdotes recitem antes da missa! «*O felicem virum, beatum Ioseph, cui datum est Deum, quem multi reges voluerunt videre et non viderunt, audire et non audierunt...*»[8]. Nunca tivestes uma certa inveja dos apóstolos e dos discípulos, que conviveram com Jesus Cristo tão de perto? E depois, não tivestes uma certa vergonha, porque talvez – e sem talvez: eu estou certo disso, dada a minha fraqueza – tivésseis sido dos que se escaparam, dos que fugiram velhacamente e não permaneceram junto de Jesus na cruz?

«*Quem multi reges voluerunt videre et non viderunt, audire et non audierunt; non solum videre et audire, sed portare, deosculare, vestire et custodire*»[9]. Não vo-lo posso ocultar: algumas vezes, quando estou sozinho e sinto as minhas misérias, pego uma imagem do Menino Jesus, e beijo-O e embalo-O... Não tenho vergonha de vo-lo dizer. Se tivéssemos Jesus nos braços, que faríamos? Algum de vós teve irmãos pequenos, bastante mais novos? Eu tive. E pegava-lhe ao colo, e embalava-o. O que teria feito com Jesus!

---

8 Missal Romano, Preparação para a missa, Oração a São José: «Ó feliz varão, bem-aventurado José, a quem foi dado ver a Deus, que muitos reis quiseram ver e não viram, e ouvir e não ouviram...».

9 *Ibid.*: «Que muitos reis quiseram ver e não viram, e ouvir e não ouviram; e não só vê-lo e ouvi-lo, mas abraçá-lo, beijá-lo, vesti-lo e guardá-lo».

«*Ora pro nobis, beate Ioseph*». Claro que temos de dizer assim!: «*ut digni efficiamur promissionibus Christi*»[10]. São José, ensina-nos a amar o teu Filho, nosso Redentor, o Deus-Homem! Roga por nós, São José!

E continuamos a considerar, meus filhos, esta oração que a Igreja propõe aos sacerdotes antes de celebrarem o Santo Sacrifício.

«*Deus, qui dedisti nobis regale sacerdotium...*»[11]. O sacerdócio é real para todos os cristãos, especialmente para aqueles que Deus chamou à sua Obra: todos temos alma sacerdotal. «*Præsta, quæsumus, ut, sicut beatus Ioseph unigenitum Filium tuum, natum ex Maria Virgine...*»[12]. Vedes que homem de fé? Vedes como admirava a Esposa, como a julgava incapaz de qualquer mancha, e como recebeu as inspirações de Deus, a luz divina, naquela escuridão tremenda para um homem tão íntegro? Como obedece! «Toma o Menino e sua Mãe e foge para o Egito»[13], ordena-lhe o mensageiro divino. E ele assim faz. Crê na obra do Espírito Santo! Crê naquele Jesus, que é o Redentor prometido pelos profetas, por quem todos os que pertenciam ao Povo de Deus tinham esperado durante gerações e gerações: os patriarcas, os reis...

«*Ut, sicut beatus Ioseph unigenitum Filium tuum, natum ex Maria Virgine, suis manibus reverenter tractare*

---

10 *Ibid.*: «Rogai por nós, bem-aventurado São José, para que sejamos dignos de alcançar as promessas de Cristo».

11 *Ibid.*: «Ó Deus, que nos concedestes o sacerdócio real».

12 *Ibid.*: «Fazei, nós Vos pedimos, que, assim como o bem-aventurado José mereceu tratar reverentemente e cuidar com as suas mãos do teu Filho unigénito, nascido de Maria Virgem...» (traduz-se já a continuação da oração).

13 Mt 2, 13.

meruit et portare...». Nós, meus filhos – todos, leigos e sacerdotes –, trazemos Deus – Jesus – dentro da alma, no centro de toda a nossa vida, com o Pai e com o Espírito Santo, conferindo valor sobrenatural a todas as nossas ações. Tocamo-lo com as mãos, tantas vezes!

«*Suis manibus reverenter tractare meruit et portare...*». Não o merecemos. Só pela sua misericórdia, só pela sua bondade, só pelo seu amor infinito é que O trazemos connosco e somos portadores de Cristo.

«*Ita nos facias cum cordis munditia...*». É assim, assim, quer Ele que sejamos: limpos de coração. «*Et operis innocentia*» – a inocência das obras é a retidão de intenção – «*tuis sanctis altaribus deservire*»[14]. Que O sirvamos não só no altar, mas no mundo inteiro, que é um altar para nós. Todas as obras dos homens se fazem como que num altar, e cada um de vós, nessa união de almas contemplativas que é o vosso dia, diz de algum modo a sua missa, que dura vinte e quatro horas, à espera da missa seguinte, que durará outras vinte e quatro horas, e assim até ao fim da nossa vida.

«*Ut sacrosantum Filii tui corpus et sanguinem hodie digne sumamus, et in futuro sæculo præmium habere mereamur æternum*»[15]. Meus filhos: ensinamentos de pai, os de José; ensinamentos maravilhosos. Talvez exclameis, como eu digo, com a minha triste experiência: não posso nada, não tenho nada, não sou nada. Mas sou filho de Deus e

---

14 Missal Romano, Preparação para a missa, Oração a São José: «Também nós sirvamos nos vossos santos altares de coração limpo e com boas obras».

15 *Ibid.*: «De modo que hoje recebamos dignamente o sacrossanto corpo e sangue do vosso Filho e, na vida futura, mereçamos alcançar o prémio eterno».

o Senhor anuncia-nos, pelo salmista, que nos cumulará de bênçãos amorosas: «*Prævenisti eum in benedictionibus dulcedinis*»[16], que de antemão nos prepara o caminho – o caminho geral da Obra e, dentro dele, o caminho próprio de cada um –, firmando-nos na via de Jesus, e de Maria, e de José.

Se fordes fiéis, meus filhos, poderão dizer de vós o que a liturgia afirma de São José, o Santo Patriarca: «*Posuisti in capite eius coronam de lapide pretioso*»[17]. Que tristeza sinto quando vejo as imagens dos santos sem auréola! Ofereceram-me – e fiquei comovido –duas pequenas imagens da minha amiga Santa Catarina, a da língua solta, a da ciência de Deus, a da sinceridade. E pedi imediatamente que lhes colocassem a auréola; uma coroa que não será de *lapide pretioso*, mas que terá boa aparência de ouro. Só aparência, como os homens.

52 Toda a vida ao serviço de Deus

Olhai: que faz José, com Maria e com Jesus, para seguir as indicações do Pai, as moções do Espírito Santo? Entrega-Lhe todo o seu ser, põe ao seu serviço a sua vida de trabalhador. José, que é uma criatura, alimenta o Criador; ele, que é um pobre artesão, santifica o seu trabalho profissional, coisa de que os cristãos se esqueceram durante séculos, e que o Opus Dei veio recordar. Dá a sua vida a Jesus, entrega-Lhe o amor do seu coração e a ternura dos seus cuidados, dá-Lhe a fortaleza dos seus

---

16 Sl 20, 4: «Preparaste-o, Senhor, com bênçãos de doçura».

17 *Ibid.*: «Colocaste sobre a sua cabeça uma coroa de pedras preciosas».

braços, dá-Lhe tudo o que é e pode: o trabalho profissional quotidiano, próprio da sua condição.

«*Beatus vir qui timet Dominum*»[18]: bem-aventurado o homem que teme o Senhor, bem-aventurada a criatura que ama o Senhor e evita dar-Lhe desgostos. Isto é o *timor Domini*, o único temor que compreendo e sinto. «*Beatus vir qui timet Dominum; in mandatis eius cupit nimis*»[19]: bem-aventurada a alma que tem ambição, desejos de cumprir os preceitos divinos. Esta inquietação persiste sempre. Se alguma vez surge uma hesitação, porque o entendimento não vê com clareza, ou porque as nossas paixões se levantam como víboras, é altura de dizer: meu Deus, desejo servir-Te, quero servir-Te, tenho fome de Te amar com toda a pureza do meu coração!

O que nos falta então? Nada! «*Gloria et divitiæ erunt in domo eius*»[20]. Não procuramos a glória terrena, só a glória do Céu. Todos os meios – que é isso que são as riquezas da Terra – devem servir-nos para nos tornarmos santos, e para santificarmos o trabalho, e para santificarmos os outros com o trabalho. E no nosso coração haverá sempre uma grande serenidade. «*Et iustitia eius*»: a justiça de Deus, a lógica de Deus, «*manet in sæculum sæculi*»[21]: permanecerá pelos séculos dos séculos, se não a expulsarmos da nossa vida pelo pecado. Essa justiça de Deus, essa santidade que Ele pôs na nossa alma, exige – sempre com alegria e com paz – uma luta interior pessoal que não é de ruído, de alvoroço; é algo mais intenso, como que muito nosso, que não se perde a não ser que nos

---

18 Sl 111, 1.

19 *Ibid.*

20 *Ibid.*: «Glória e riquezas enchem a sua casa».

21 *Ibid.*

quebremos, a não ser que o quebremos como se fosse um cântaro de barro. Para o consertar, contamos com as normas, a confissão e a conversa fraterna com o diretor. E de novo a paz, a alegria! E voltamos a sentir mais desejos de cumprir os mandamentos do Senhor, mais ambição boa de servir a Deus e, por Ele, a todas as criaturas!

53 Exemplo de castidade

«*Cum esset desponsata Mater Iesu Maria Ioseph*...: estando Maria, Mãe de Jesus, desposada com José, aconteceu que, antes de terem vivido juntos, concebeu no seu seio por obra do Espírito Santo»[22]. Esta é a pedra de toque da santidade admirável deste homem perfeito que é José. «*Ioseph autem, vir eius, cum esset iustus et nollet eam traducere*...»[23]: mas José, seu esposo, sendo justo e não querendo desonrá-la... Não, em consciência, não podia fazê-lo. E sofre. Sabe que a sua esposa é imaculada, que é uma alma sem mancha, e não compreende o prodígio que se operou nela. Por isso, «*voluit occulte dimittere eam*»[24]: deliberou deixá-la secretamente. Hesita, não sabe o que fazer, mas resolve a situação da maneira mais limpa.

«*Hæc autem eo cogitante*...»: enquanto pensava estas coisas, chega-lhe a luz de Deus. O Senhor nunca nos faltará, meus filhos, tende confiança! «*Ecce angelus Domini apparuit in somnis*...: andando ele com este pensamento, eis que um anjo do Senhor lhe apareceu em sonhos e lhe

---

22 Lecionário Romano, Solenidade de São José, leitura (Mt 1, 18).

23 *Ibid.*, 19.

24 *Ibid.*

disse: José, filho de David, não tenhas receio de receber Maria, tua esposa, porque o que foi gerado no seu ventre é obra do Espírito Santo»[25]. É o primeiro homem a receber a declaração divina da realidade da Redenção, que estava a realizar-se. «*Pariet autem filium, et vocabis nomen eius Iesum*...: dará à luz um filho, a quem porás o nome de Jesus, pois Ele há de salvar o seu povo dos seus pecados»[26]. E José fica tranquilo, sereno, cheio de paz.

Meus filhos, este homem não merece todo o nosso amor, todo o nosso agradecimento? Não é um exemplo de fé e de fortaleza? Não é um modelo de limpeza de alma e de corpo? Não é nosso Pai e Senhor? Pai e Senhor chamei-lhe eu há já tantos anos, e assim lhe chamais vós no mundo inteiro.

Olhai, consola-me muito, e penso que a vós também, outra oração que a Igreja Santa nos propõe para a recitarmos depois da missa: «*Virginum custos et pater*»[27]. Porque não entenderão isto esses infelizes que não querem olhar com olhos limpos a castidade e o amor santo dos nossos pais, essas pessoas que não concebem que uma criatura fraca possa guardar o seu ser inteiro – corpo e alma – para Deus? Se somos fracos, Deus porá a sua força. Eu sou muito fraco, mas o Senhor dar-me-á toda a sua fortaleza.

«*Virginum custos et pater, sancte Ioseph, cuius fideli custodiæ ipsa Innocentia Christus Iesus et Virgo virginum Maria commissa fuit*»: Bem-aventurado José, custódio e pai das virgens, a cujo cuidado fidelíssimo foram entregues a

25 *Ibid.*, 20.

26 *Ibid.*, 21.

27 Missal Romano, Ação de graças depois da missa, Oração a São José: «Custódio e pai das virgens».

própria Inocência, Jesus Cristo, e a Virgem das virgens, Maria. Haverá algum sacerdote, alguma alma verdadeiramente cristã, que leia isto e não se comova? Todos os meus filhos, que têm alma sacerdotal, hão de inflamar-se em devoção, em confiança, em aclamação, em carinho a José, Nosso Pai e Senhor.

«*Te per hoc utrumque carissimum pignus Iesum et Mariam obsecro et obtestor ut me, ab omni immunditia præservatum, mente incontaminata, puro corde et casto corpore Iesu et Mariæ semper facias castissime famulari*»: Suplicamos-te, por Jesus e por Maria, a quem recebeste como prenda, que nos preserves de toda a imundície e que, com espírito limpo, coração puro e corpo casto, nos faças servir sempre a Jesus e a Maria.

Meus filhos, considerámos juntos o grande milagre que é ter-se vivido na Obra, desde o princípio, esta união com o Santo Patriarca. Ele é o nosso padroeiro principal, e é também o chefe da nossa família; porque lhe pedimos que envie mais filhos à Obra, porque neste dia nos prendemos com laços de amor e costumamos renovar a nossa entrega, pondo nas mãos de José e de Maria a nossa vinculação ao Opus Dei.

Rezar com mais premência

(24 de dezembro de 1969)[1i]

54 Terei de retirar-me daqui a pouco, mas gostaria de vos dizer umas palavrinhas antes de me ir embora. Vede que lindo é o Menino; está indefeso.

Os vossos irmãos cantavam que Ele «veio à terra para sofrer», e eu digo-vos: para sofrer e para evitar sofrimentos aos outros. Ele sabia que vinha para a cruz; e, no entanto, há agora umas teorias, uma falsa ascética, que apresenta o Senhor na cruz enraivecido, dizendo aos homens: Eu estou aqui na cruz, e por isso também vos cravo nela. Não, meus filhos! O Senhor estendeu os braços com gesto de Sacerdote eterno, e deixou-se pregar ao madeiro da cruz para que nós não sofrêssemos, para que os nossos sofrimentos fossem mais suaves, doces até, amáveis.

Nesta Terra, a dor e o amor são inseparáveis; nesta vida, é preciso contar com a cruz. Quem não conta com a

---

1 [i] Na véspera do dia de Natal de 1969, depois do jantar, São Josemaria esteve a fazer tertúlia com os alunos do Colégio Romano da Santa Cruz. Como era habitual nessa noite, cantaram «Madre en la puerta hay un Niño», uma canção de Natal que o Fundador do Opus Dei tinha aprendido em casa de seus pais, e que inclui o verso: «Eu vim à Terra para sofrer» (N. do E.).

cruz, não é cristão; quem não conta com a cruz, encontra-a na mesma, e, além disso, encontra o desespero na cruz. Se contardes com a cruz, com Cristo Jesus na cruz, podeis estar certos de que, nos momentos mais duros, se aparecerem, estareis acompanhadíssimos, felizes, seguros, fortes; mas, para isso, tendes de ser almas contemplativas.

55 Almas de oração constante

Os meus filhos e eu devemos ser, no mundo, no meio da rua, no meio do nosso trabalho profissional, cada um no seu, almas contemplativas, almas que estejam constantemente a falar com o Senhor, ante o que parece bom e ante o que parece mau; porque, para um filho de Deus, tudo se ordena ao nosso bem. As pessoas acham tudo excessivo, quando o que lhes acontece não é bom; para nós, que temos um trato com Jesus, que temos intimidade com Jesus Cristo, Nosso Senhor e nosso amor, não há contrariedades nem acontecimentos maus: «*Omnia in bonum*!»[2].

Intimidade com Cristo quer dizer ser alma de oração. Tendes de aprender a relacionar-vos com o Senhor, da manhã até à noite; deveis aprender a rezar durante o dia todo. Vereis que consolo, vereis que alegria, como andareis bem! Além disso, Ele quer que assim seja. Tenho aqui, anotados na agenda, uns textos da Escritura que costumo ler e meditar muito. Gostaria de que fizésseis o mesmo. Porque, se eu vos disser que convém cultivar o trato com Nosso Senhor na oração, isso já vale alguma coisa: sou um sacerdote ancião, tenho quase setenta

---

2 Rom 8, 28: «Tudo é para bem».

anos; além disso, sou o Padre que o Senhor escolheu para vós na Terra, nesta grande família da Obra; amo-vos com toda a minha alma, e não posso dizer-vos uma coisa por outra... Mas – sobretudo – reparai, não sou só eu que vo-lo digo, é o próprio Senhor quem no-lo diz: «*Et omnia quæcumque petieritis in oratione credentes accipietis*»[3], escreve São Mateus: tudo o que Me pedirdes na oração, se tiverdes fé, tudo alcançareis. E nós precisamos de muitas coisas. Esta família do Opus Dei, estendida por todo o mundo, precisa de muitas bênçãos de Deus ao longo do próximo ano. Vamos pedir com toda a alma, com toda a fé, dizendo com carinho ao Senhor, cada um na solidão acompanhada do coração: Jesus, queremos isto... Vós dizeis: queremos o que o Padre quiser, e a vossa oração é mais curta, não é verdade? Mas eu quero o que Ele quer; de modo que Ele está totalmente comprometido.

«*Iterum dico vobis*», diz-nos São Mateus, «*quia, si duo ex vobis consenserint super terram, de omni re quamcumque petierint fiet illis a Patre meo qui in cælis est*»[4]. Basta que haja dois que concordem em pedir..., e nós somos milhares a pedir a mesma coisa. Que segurança devemos ter! Que esperança tão segura! Uma esperança verdadeiramente divina, sobrenatural, porque está alicerçada no amor, na fé e nas palavras do próprio Jesus Cristo.

Afirma Ele que tudo quanto Lhe pedirmos nos será 56
dado por seu Pai que está nos Céus. Esta nossa família sente-se, no mundo, unida ao Pai dos Céus como nin-

---

3 Mt 21, 22.

4 Mt 18, 19: «De novo vos digo que, se dois de vós se unirem na Terra para pedir alguma coisa, a obterão de meu Pai que está nos Céus».

guém. Temos um Pai, e sentimos constantemente a filiação divina. Não fui eu que o quis, foi Ele. Poderia dizer-vos até quando, até o momento, até onde ocorreu aquela primeira oração de filhos de Deus.

Aprendi a chamar Pai, no pai-nosso, desde menino; mas sentir, ver, admirar esse querer de Deus de que sejamos seus filhos..., foi na rua, num elétrico – durante uma hora, hora e meia, não sei: *Abba, Pater*!, tive de gritar.

Há no Evangelho umas palavras maravilhosas (todas o são): «Ninguém conhece o Pai senão o Filho, e aquele a quem o Filho o quiser revelar»[5]. Naquele dia, Ele quis de uma maneira explícita, clara, categórica, que, comigo, vos sentísseis sempre filhos de Deus, desse Pai que está nos Céus e que nos dará o que pedirmos em nome de seu Filho.

57 Pedir com confiança

Meus filhos, «*omnia quæcumque orantes petitis, credite quia accipietis, et evenient vobis*»[6], diz São Marcos: tudo o que pedirdes na oração, tudo!, crede que vos será dado. Vamos pedir juntos! E como se pede a Deus Nosso Senhor? Como se pede a uma mãe, como se pede a um irmão: umas vezes, com um olhar; outras, com um gesto; outras, portando-nos bem para que fiquem satisfeitos, para mostrar que lhes temos carinho; outras vezes, com a língua. Pois bem, pedi assim. Temos de utilizar, para fazer oração e tratar com Deus, todos os procedimentos humanos que utilizamos para nos entendermos com outra pessoa.

5 Mt 11, 27.
6 Mc 11, 24.

São Lucas: «*Omnis enim qui petit accipit, et qui quærit invenit, et pulsanti aperietur*»[7]. A todo aquele que pede alguma coisa, o Senhor escuta-o; mas é preciso pedir com fé, já o disse, e ainda mais se formos pelo menos dois, e neste caso somos muitos milhares!

«*Si quid petieritis Patrem in nomine meo, dabit vobis*»[8], diz São João: se pedirdes qualquer coisa ao Pai em meu nome, Ele dar-vo-la-á; em nome de Jesus. Quando O receberdes, diariamente, na eucaristia, dizei-lhe: Senhor, em teu nome, peço ao Pai... E pedi-Lhe tudo o que convém para que possamos servir melhor a Igreja de Deus, e trabalhar melhor para a glória do Senhor, do Pai, do Filho e do Espírito Santo, da Santíssima Trindade, único Deus.

«*Petite et accipietis, ut gaudium vestrum sit plenum*»[9]: pedi, recebereis e encher-vos-eis de alegria. O *gaudium cum pace* que pedimos todos os dias ao Senhor nas nossas Preces[10ii] é uma realidade na vida de um filho de Deus que se porta – com as suas lutas, com as suas pequenezes, com os seus erros; eu tenho tantos erros..., vós tereis alguns – que se porta bem com o Senhor, porque O ama, porque Lhe quer. A esse meu filho, Deus dar-lhe-á necessariamente o que Lhe pede, e dar-lhe-á também uma alegria que nenhuma coisa da Terra lhe poderá tirar do coração.

---

7 Lc 11, 10: «Todo aquele que pede, recebe, quem procura, encontra, e ao que bate, abrir-se-lhe-á».

8 Jo 16, 23.

9 Jo 16, 24.

10 [ii] Alegria e paz, referência a uma passagem das Preces que todos os membros do Opus Dei rezam diariamente (N. do E.).

58 Uma segurança completa

Mais: mais trato e mais união. Leio-vos umas palavras que também são de São João, que é – em termos humanos – o apóstolo que melhor conhecia Jesus Cristo. «*Si manseritis in me, et verba mea in vobis manserint, quodcumque volueritis petetis, et fiet vobis*»[11]: se permanecerdes unidos a Mim, e as minhas palavras, a minha doutrina, estiverem em vós, tudo o que pedirdes vos será concedido.

Portanto, essa união com Jesus, esse trato, esse permanecer em Cristo deve dar-nos uma segurança completa. Eu tenho-a, meus filhos. Porque estas palavras que estou a comentar-vos – já vos disse – têm-me servido para a minha meditação, para voltar a encher-me de alegria nos momentos em que é preciso lutar.

Por isso, porque este alimento me faz bem, também vo-lo quero dar; quero dar-vos a certeza de que a oração é omnipotente. Pedi muito, bem unidos uns aos outros pela caridade fraterna; pedi, além disso, pondo de permeio a intenção do Padre, o que o Padre pede na missa, o que tem pedido continuamente ao Senhor. Continuamente, disse, e não retifico; neste preciso momento, estou a pedir, não estou apenas a conversar convosco. Estou a falar com Deus Nosso Senhor, a pedir-Lhe muitas coisas que são necessárias para a Igreja e para a Obra; peço-Lhe que afaste determinados obstáculos, que nos obrigaram a aceitar quando viemos para Roma. Não vos preocupeis, mas já sabeis que não me interessam – nem nunca me interessaram – os votos, nem as botas, nem os botins, nem os botões.

---

11 Jo 15, 7.

Pedi também pela paz no mundo: que não haja guerras, que acabem as guerras e os ódios. Pedi pela paz social: que não haja ódio entre as classes, para que as pessoas se queiram bem; que saibam conviver, que saibam desculpar, que saibam perdoar; senão, o amor de Cristo não estará presente.

Meus filhos, vamos pedir isso mesmo à Santíssima Virgem. Quando não souberdes o que dizer ao Senhor, talvez nem sequer repetir o que vos digo agora, deste modo, como numa conversa de família, recorrei à Virgem: minha Mãe, tu, que és Mãe de Deus, diz-me o que tenho de dizer-Lhe, como tenho de Lho dizer para que me oiça. E a Virgem bendita, que também é nossa Mãe, há de orientar-vos, há de inspirar-vos, e faremos uma oração muito bem feita sempre, e sereis contemplativos.

A lógica de Deus

(6 de janeiro de 1970)[1][i]

«*Ubi est qui natus est rex Iudæorum?*»[2]. Cristo mal aca- 59
ba de nascer, e a sua realeza já é reconhecida: onde está o Rei dos judeus, que acaba de nascer? Vêm adorá-lo uns homens vindos do Oriente, gente poderosa – talvez fossem príncipes ou sábios – que se deixou arrastar por um sinal externo, que não parece ser um motivo suficientemente razoável. Receberam um chamamento, uma mensagem algo imprecisa: o fulgor extraordinário de uma estrela. Mas não resistem. Do ponto de vista humano, é pouco lógico que se ponham a caminho, empreendendo uma viagem por rumos desconhecidos, e mais ainda que, ao chegar a Jerusalém, perguntem onde reinava outra pessoa: «*Ubi est rex Iudæorum?*»: onde está o Rei dos judeus?

Também há muitas coisas ilógicas na vossa vida e na minha, filhos da minha alma. Também nós vimos uma luz, também nós ouvimos um chamamento, também nós partilhamos com esses homens uma inquietação que nos levou a tomar decisões que talvez não parecessem razoá-

---

1 [i] Recolhe-se aqui uma meditação pregada no oratório do Conselho Geral, na solenidade da Epifania do Senhor (N. do E.).

2 Mt 2, 2: «Onde está o Rei dois judeus, que acaba de nascer?».

veis a quem nos queria bem, a quem estava ao nosso lado. Do ponto de vista humano, tinham razão; mas tu e eu, meu filho, poderíamos dizer: «*Vidimus stellam eius*...: vimos a sua estrela e viemos adorá-lo»[3].

60 Lógica humana e lógica divina

Quem é capaz de precisar como se toma a decisão inicial de entrega, quando nasce essa primeira ingenuidade e – repito – essa falta de lógica? Uma entrega – eu tenho a minha experiência, e cada um de vós tem a sua – que é necessário renovar a cada instante, cada dia e, em algumas ocasiões, muitas vezes por dia, talvez perdida já a candura dos primeiros momentos. Por nos termos aproximado de Cristo e termos sentido bater com força, com muita força, o seu coração, e termos chegado a saborear as suas delícias, que são «estar Ele com os filhos dos homens»[4] – por tudo isso, sabemos o que vale o amor de Deus.

Sim, é preciso renovar a entrega; é preciso voltar a pronunciar: Senhor, amo-Te, e dizê-lo com toda a alma. Ainda que a parte sensível não nos acompanhe, dir-Lho-emos com o calor da graça e com a nossa vontade: Meu Jesus, Rei do universo, nós amamos-Te.

Quero insistir na falta de lógica humana a que assistimos ao longo destes quarenta e dois anos da nossa história. Encontrámos, meus filhos, o Herodes que quis matar esta grande realidade divina – não é uma ilusão – da nossa vida, uma realidade que nos fez mudar total-

---

3 *Ibid.*

4 Prov 8, 31.

mente. A Obra também encontrou Herodes, mais de uma vez, no seu caminho. Mas tranquilos, tranquilos! Não deixámos tantas coisas – os magos fizeram o mesmo, abandonando o seu lugar de residência, onde teriam provavelmente poder e seriam considerados pessoas de muita categoria –, não deixámos os nossos interesses pessoais a troco de uma bagatela. Agora, sabemos muito claramente que o motivo divino que nos inquietou e nos arrancou da nossa indolência é um motivo que vale a pena. Vale a pena! Convém-nos ser fiéis; convém-nos ter tanto amor que na nossa vida não haja lugar para o temor.

Ataques à Igreja 61

Cada um, no fundo da sua consciência, depois de confessar: Senhor, peço-Te perdão dos meus pecados, pode dirigir-se a Deus com confiança absoluta, filial; com a confiança que merece este Pai que – não me canso de o repetir – ama a cada um de nós como uma mãe ama o seu filho... Não *como*, muito mais; muito mais do que uma mãe ama o seu filho e do que um pai ama o seu filho primogénito. Este é o momento de dizer a este Deus poderosíssimo, sapientíssimo, nosso Pai, que amou cada um de nós até à morte e morte de cruz, que não perderemos a serenidade, ainda que as coisas, aparentemente, estejam a piorar. Nós, meus filhos, prossigamos no nosso caminho, tranquilos, porque Deus Nosso Senhor não permitirá que destruam a sua Igreja, não deixará que se percam no mundo os vestígios dos seus passos divinos.

Nestes tempos, infelizmente para nós e para toda a cristandade, temos vindo a assistir a uma tentativa diabólica de desmantelar a Igreja, de lhe retirar muitas manifestações da sua beleza divina, atacando diretamente a fé, a moral, a disciplina e o culto, de modo descarado, até nas coisas mais importantes. É uma gritaria infernal, que pretende turvar as noções fundamentais da fé católica. Mas não conseguirão nada, Senhor, nem contra a tua Igreja, nem contra a tua Obra. Estou certo disso.

Mais uma vez, sem o dizer em voz alta, peço-Te que apliques este remédio e aquele. Tu, Senhor, deste-nos a inteligência para discorrermos com ela e Te servirmos melhor. Temos obrigação de pôr em jogo, da nossa parte, tudo o que nos for possível: a insistência, a teimosia, a perseverança na nossa oração, lembrando-nos daquelas palavras que nos dirigiste: «Pedi e dar-se-vos-á; procurai e achareis; batei e abrir-se-vos-á»[5].

62 Com a *trindade* da Terra

Os magos chegaram a Belém. Os evangelhos apócrifos, que merecem geralmente uma consideração piedosa, ainda que não mereçam fé, contam que eles colocaram os seus presentes aos pés do Menino; que O adoraram, sem se recatarem, quando encontram o Rei de que andavam à procura, não num palácio real, nem rodeado de numerosa criadagem, mas numa manjedoura, entre um boi e uma mula, envolto nuns paninhos, nos braços da sua Mãe e de São José, como outra criatura qualquer que acaba de vir ao mundo.

São Mateus, na passagem do seu Evangelho que a Igreja nos propõe hoje, termina com estas palavras: E «tendo recebido em sonhos um aviso para que não voltassem a Herodes, regressaram ao seu país por outro ca-

---

5 Mt 7, 7.

minho»[6]. Estes homens, extraordinários no seu tempo, possuidores de uma ciência reconhecida, dão crédito a um sonho. O seu comportamento é, uma vez mais, pouco lógico. Quantas coisas humanamente ilógicas, mas cheias da lógica de Deus, há também na nossa vida!

Meus filhos, aproximemo-nos do grupo constituído pela *trindade* da Terra, Jesus, Maria e José. Eu ponho-me num cantinho; não me atrevo a aproximar-me de Jesus, porque vejo levantarem-se todas as minhas misérias, as passadas e as presentes. Tenho vergonha, mas também percebo que Cristo Jesus me lança um olhar de carinho. Então, aproximo-me de sua Mãe e de São José, o homem, ignorado durante séculos, que Lhe serviu de pai na Terra, e digo a Jesus: Senhor, quero ser teu de verdade, quero que os meus pensamentos, as minhas obras e todo o meu viver sejam teus. Mas bem vês que esta pobre miséria humana me faz andar dum lado para o outro tantas vezes...

Gostaria de ter sido teu desde o primeiro momento, desde o primeiro latejo do meu coração, desde o primeiro instante em que a minha razão começou a trabalhar. Não sou digno de ser – e sem a tua ajuda nunca chegarei a ser – teu irmão, teu filho e teu amor. Tu, sim, és meu irmão e meu amor, e também sou teu filho.

E, não podendo pegar em Cristo e abraçá-lo contra o meu peito, torno-me pequeno. Isto sim, podemos fazê-lo, e combina com o nosso espírito, com o nosso ar de família. Tornar-me-ei pequeno e irei ter com Maria. Se ela tem o seu Filho Jesus no braço direito, também eu, que sou igualmente seu filho, encontrarei um lugar no seu

---

6 Mt 2, 12.

regaço: a Mãe de Deus pegar-me-á com o outro braço e apertar-nos-á juntos contra o seu peito.

Perdoai, meus filhos, que vos diga estas coisas que parecem tolices. Mas não é verdade que somos contemplativos? Uma consideração destas pode ajudar-nos, se for preciso, a recuperar a vida; pode encher-nos de muitos consolos e de muita fortaleza.

Diante do Senhor e, sobretudo, diante do Senhor Menino, inerme, necessitado, tudo será pureza; e verei que, se por um lado tenho, como todos os homens, a possibilidade brutal de O ofender, de ser um animal, por outro lado, isso não é uma vergonha se nos servir para lutar, para expressarmos o nosso amor; se for ocasião para aprendermos a tratar de modo fraterno todos os homens, todas as criaturas.

63 Ao serviço de Jesus

Temos de fazer continuamente atos de contrição, de reforma, de melhora, ascensões sucessivas. Sim, Senhor que nos escutas: Tu permitiste, depois de a raça humana ter caído com os nossos primeiros pais, a bestialidade desta criatura que se chama homem. Por isso, se alguma vez não puder estar nos braços de tua Mãe, junto de Ti, colocar-me-ei junto da mula e do boi que Te acompanharam no presépio. Serei o cão da família, olhando-Te com olhos ternos, com a missão de defender aquele lar. Assim, encontrarei a teu lado o calor que purifica, o amor de Deus que faz, do animal que todos os homens trazemos dentro de nós, um filho de Deus, algo que não é comparável a nenhuma grandeza da Terra.

A nossa vida, meus filhos, é a vida de um burrinho nobre e bom, que às vezes se rebola pelo chão, a espernear, e dá coices, mas que, habitualmente, é fiel, leva a carga que lhe põem em cima e se conforma com uma comida, sempre a mesma, austera e pouco abundante; e que tem a pele dura para o trabalho. Comove-me a figura do burrinho, que é leal e não abandona a carga. Sou um burrinho, Senhor; aqui estou. Não penseis, meus filhos, que isto é uma tolice. Não é. Estou a mostrar-vos o modo de orar que utilizo, e que serve muito bem.

E ofereço o meu dorso à Mãe de Deus, que leva o seu Filho ao colo, e partimos para o Egito. Mais tarde, emprestar-Lhe-ei de novo as costas para Ele Se sentar, «*perfectus Deus, perfectus Homo*»[7], e converter-me-ei no trono de Deus.

Que paz me dão estas considerações! Que paz nos deve dar saber que o Senhor nos perdoa sempre, que nos ama tanto, que conhece tão bem as fraquezas humanas, que sabe o barro vil de que somos feitos. Mas também sabe que nos inspirou um sopro, a vida, que é divino. Por cima deste dom, que pertence à ordem da natureza, o Senhor infundiu-nos a graça, que nos permite viver a sua própria vida. E dá-nos os sacramentos, que são aquedutos dessa graça divina, em primeiro lugar o batismo, pelo qual começamos a fazer parte da família de Deus.

Não vos posso ocultar, meus filhos, que sofro quando sei que mandam atrasar a administração do batismo às crianças, quando observo que alguns se negam a batizá-las sem uma série de garantias que muitos pais dificilmente podem dar. Desse modo, as crianças ficam pagãs, «filhos da ira»[8], escravos de Satanás. Sofro muito quando observo

---

7 Passagem do Símbolo Atanasiano: «perfeito Deus, perfeito Homem».

8 Ef 2, 3.

que se atrasa deliberadamente o batismo dos recém-nascidos, porque preferem celebrar mais tarde uma cerimónia a que chamam *comunitária*, com muitas crianças de cada vez, como se Deus precisasse disso para Se instalar em cada alma.

Então, penso nos meus pais, que foram batizados no dia em que nasceram, tendo nascido sadios. E os meus avós eram simplesmente bons cristãos. Agora, no entanto, alguns que se apresentam como autoridades ensinam o rebanho de Deus a portar-se, desde o princípio, com uma frieza de maus crentes.

64 Confiança em Deus

Meus filhos, estamos perto de Cristo. Somos portadores de Cristo, somos seus *burrinhos* – como o de Jerusalém –, e, enquanto não O expulsarmos, o Pai, o Filho e o Espírito Santo, a Santíssima Trindade, estão connosco. Somos portadores de Cristo e temos de ser luz e calor, temos de ser sal, temos de ser fogo espiritual, temos de ser apostolado constante, temos de ser vibração, temos de ser o vento impetuoso de Pentecostes.

Chega o momento do colóquio, que é muito pessoal. Hoje, depois de Jesus Menino ter recebido a homenagem dos magos, toma-O tu, meu filho, nos teus braços e aperta-O contra o peito, onde nasceram, em tantos momentos, as nossas ofensas. Eu digo-Lhe em voz alta, deveras: nunca me abandones, não toleres que Te expulse do meu coração. Porque é isto que fazemos com o pecado: expulsá-lo da nossa alma.

Meus filhos, vede se há na Terra amor mais fiel que o amor de Deus por nós. Ele olha-nos pelas frestas das janelas – são palavras da Escritura[9] –, olha-nos com o amor de uma mãe que espera o filho que está para chegar: já lá vem, já lá vem... Olha-nos com o amor da esposa casta e fiel que espera o marido. É Ele quem nos espera, e, tantas vezes, fomos nós que O fizemos esperar.

Começámos a nossa oração pedindo perdão. Não será este o momento mais oportuno, meus filhos, para cada um dizer concretamente: Senhor, basta!

Senhor, Tu és o amor dos meus amores. Senhor, Tu és o meu Deus e todas as minhas coisas. Senhor, sei que contigo não há derrotas. Senhor, quero deixar-me endeusar, ainda que seja humanamente ilógico e que não me entendam. Toma posse da minha alma uma vez mais, e forja-me com a tua graça.

Mãe, Senhora minha, São José, meu Pai e Senhor, ajudai-me a nunca abandonar o amor do vosso Filho.

Podeis entreter-vos muitas vezes, ao longo do dia, em conversa com a *trindade* da Terra, que é caminho para manter o trato com a Trindade do Céu. Considerai que a Mãe nos leva ao Filho, e o Filho, pelo Espírito Santo, nos conduz ao Pai, segundo as suas palavras: «Quem Me vê, vê também o Pai»[10]. Dirigi-vos a cada Pessoa da Santíssima Trindade e repeti sem medo: creio em Deus Pai, creio em Deus Filho, creio em Deus Espírito Santo. Espero em Deus Pai, espero em Deus Filho, espero em Deus Espírito Santo. Amo a Deus Pai, amo a Deus Filho, amo a Deus Espírito Santo. Creio, espero e amo a Santíssima Trindade. Creio, espero e amo a minha Mãe, Santa Maria, que é Mãe de Deus.

---

9 Cf. Cant 2, 9.
10 Jo 14, 9.

Agora que começa o ano

(dezembro de 1970)[1i]

Começámos um novo ano, filhas e filhos meus, e gostaria de fazer algumas considerações que vos ajudassem a percorrê-lo com brio. Tenho de vos transmitir um pouco da minha experiência, mas prefiro fazê-lo com umas palavras de São Paulo. 65

Já vos disseram e já tendes lido, porque é uma coisa bem sabida, que eu não acredito em muitas coisas. Acredito no que é adequado, e nisso acredito com toda a minha alma. E, entre as coisas em que acredito, está a vossa lealdade. Limito-me a repetir o que explicava, no início, aos rapazes de São Rafael: se um de vós me disser alguma coisa, ainda que cem tabeliães me afirmem unanimemente o contrário, eu não acredito nos tabeliães, acredito em vós. Porque sei que tendes fragilidades, como eu tenho, mas que sois leais. E é lógico que que vos fale sempre com esta lealdade.

---

1 [i] Na tertúlia de 2 de janeiro de 1971, São Josemaria referiu-se em vários momentos à necessidade de começar e recomeçar na vida interior. Foi com essas palavras que se preparou este texto, embora seja possível que também se tivesse em conta frases da meditação que tinha pregado no dia anterior aos membros do Conselho Geral, comentando as mesmas ideias (N. do E.).

66 Uma *ginástica* espiritual constante

Sabeis que o Padre vos abre o coração com sinceridade. Não acredito no refrão que diz: «Ano novo, vida nova». Em vinte e quatro horas, não se muda nada. Só o Senhor, com a sua graça, pode converter Saulo, num instante, de perseguidor dos cristãos em apóstolo: derruba-o do cavalo, cega-o, humilha-o e manda-o ter com um homem, Ananias[2], para lhe perguntar o que deve fazer. E Saulo era um dos grandes de Israel, educado na cátedra de Gamaliel, além de ser cidadão romano. Estais lembrados? «*Civis romanus sum*!»[3]. Gosto disto. E gosto de que também vós vos sintais cidadãos do vosso país, com todos os direitos, porque cumpris todos os deveres.

Julgais que, a não ser que ocorra um grande milagre, um homem comodista, que se mexe com relutância e sem agilidade, que não faz ginástica, pode ganhar uma competição desportiva internacional? São Paulo recorre a essa analogia, e eu também. Só lutando repetidamente – vencendo umas vezes, e outras não – em coisas pequenas, que *de per si* não são pecado, que não têm uma sanção moral muito forte, mas que são debilidades humanas, faltas de amor, faltas de generosidade; só uma pessoa que faz todos os dias a sua ginástica poderá dizer com verdade que, no final, terá uma vida nova. Só quem faz essa ginástica espiritual chegará à meta.

Vede o que diz São Paulo: «*Nolite conformari huic sæculo, sed reformamini in novitate sensus vestri, ut probetis*

---

2 Cf. At 9, 3ss.

3 Cf. At 22, 25: «Sou cidadão romano».

quæ sit voluntas Dei bona et beneplacens et perfecta»[4]: procurai reformar-vos com um novo sentido da vida, procurando identificar as coisas que são boas, de maior valor, mais agradáveis a Deus, mais perfeitas; e segui-as.

Não é isso que acontece no exercício físico constante, no desporto? Mais três centímetros, menos um décimo de segundo. E, de repente, um percalço: a pessoa salta e torce um tornozelo, que desastre! Talvez porque se desleixou, engordou e perdeu a forma. Meus filhos, se essa criatura, se essa alma continuar a lutar, o percalço não tem importância nenhuma. Trata-se, afinal de contas, de uma falta pequena; porque está a fazer exercício para conseguir uma marca melhor, esforçando-se em coisas que são melhores, de maior valor; em coisas que, se não se fizerem, não ofendem Deus, porque não são pecado. Assim, pouco a pouco, quase sem vos aperceberdes, para que a soberba não se intrometa, ir-vos-eis – ir-nos-emos reformando com um novo sentido da vida: «*in novitate sensus*», e teremos uma vida nova.

Considerai-o, cada um de vós, na sua oração pessoal, e tire cada um uma luz particular: uns, muitas luzes; outros, apenas chispas; um ou outro adormecerá e não tirará nada; mas, quando acordar, verá que sim, que tem luz. Vale a pena, meus filhos, considerar atentamente estas palavras do apóstolo.

Com espírito desportivo 67

Se, quando vais saltar, saltas como uma galinha, deves assustar-te? Ouve o que diz São Pedro: «*Carissimi,*

---

4 Rom 12, 2.

nolite peregrinari in fervore, qui ad tentationem vobis fit, quasi novi aliquid vobis contingat»[5]. Não vos surpreendais por não serdes capazes de saltar, por não serdes capazes de vencer; o que nos é próprio é a derrota! A vitória é da graça de Deus. E não esqueçais que uma coisa é o pensamento e outra muito diferente o consentimento. Isto evita muitas dores de cabeça.

Também evitamos muitas tolices dormindo bem, as horas adequadas; comendo o necessário, fazendo o desporto que puderdes com a vossa idade, e descansando. Mas eu gostaria que pusésseis a cruz em todos os pratos; o que não quer dizer que não comamos; trata-se de comer um bocadinho mais do que não vos agrada, um bocadinho, ainda que seja apenas uma colherzinha de café, e um bocadinho menos do que vos agrada, dando sempre graças a Deus.

Não vos espantará saber que vós e eu – eu tanto como vós, pelo menos, ou talvez mais – temos o *fomes peccati*, uma inclinação natural para tudo o que é pecaminoso. Insisto em que o pecado da carne não é o mais grave. Há outros pecados maiores, ainda que, naturalmente, se deva dominar a concupiscência. Vós e eu não devemos espantar-nos ao ver que, em todas as coisas – não só na sensualidade, mas em tudo –, temos uma inclinação natural para o mal. Alguns espantam-se, enchem-se de soberba e perdem-se.

Quando eu confessava numa igreja pública – há muitos anos –, costumava fazer como os velhos confessores. Depois de ouvir uma enxurrada de lixo, perguntava: é só isso, meu filho? Porque estou convencido de que, se Deus

---

5 1Ped 4, 12: «Caríssimos, não vos perturbeis com o fogo que se ateou entre vós, como se fosse uma coisa estranha».

me soltar da sua mão, qualquer um daqueles pecadores parecerá um pigmeu no mal a comparar comigo, que me sinto capaz de todos os erros e de todos os horrores.

Não vos assusteis com nada. Evitai que haja sustos falando claramente antes; e, se não, depois. Este é um bom pensamento para começar o ano.

Um modo seguro de chegar ao Céu 68

Minhas filhas e meus filhos, fazei as coisas com seriedade. Retomai agora o caminho. Sou muito amigo da palavra «caminho», porque todos somos caminhantes, com os olhos voltados para Deus; somos *viatores*, avançamos em direção ao Criador desde que chegámos a este mundo. Uma pessoa que empreende um caminho tem um fim claro, um objetivo: quer ir de um sítio para outro; e, em consequência, emprega todos os meios para chegar incólume a esse fim, com a pressa suficiente, procurando não se desviar por atalhos laterais, desconhecidos, onde há perigo de barrancos e de feras. Vamos caminhar seriamente, meus filhos! Devemos pôr nas coisas de Deus e das almas o mesmo empenho que os outros põem nas coisas da Terra: um grande desejo de ser santos.

Sabemos que não há santos na Terra, mas todos podemos ter desejos eficazes de o ser; e tu, com esse desejo, tens vindo a fazer um grande bem a toda a Igreja, e de modo especial a todos os teus irmãos na Obra. Por sua vez, um pensamento que ajuda muito a fomentar a lealdade é considerar que, se te desencaminhares, causarás um grande dano aos outros.

Deus exige de vós, e exige de mim, o que exige de uma pessoa normal. A nossa santidade consiste nisso: em fazer bem as coisas correntes. Pode ser que, de quando em quando, algum tenha ocasião de ganhar a Laureada[6*]; mas serão poucas vezes. E – os militares que não se zanguem – reparai que não são os soldados que caem que recebem condecorações; quem as recebe é o capitão: «*Il sangue del soldato fa grande il capitano*»[7**], diz um provérbio italiano. Vós sois santos, fiéis, trabalhadores, alegres, desportistas; e quem fica com os louros sou eu, se bem que os ódios também caem sobre mim. Fazeis-me muito bem, mas não esqueçais, meus filhos, de que os ódios caem sobre o Padre.

Satanás não está contente, porque, com a graça do Senhor, ensinei-vos um caminho, um modo de chegar ao Céu. Dei-vos um meio de arribar ao fim, de uma maneira contemplativa. O Senhor concede-nos essa contemplação, que, ordinariamente, mal sentis. Deus não faz aceção de pessoas; dá-nos os meios a todos.

Talvez o vosso confessor, ou a pessoa que atende a vossa conversa, note alguma coisa que deveis corrigir, e dar-vos-á umas indicações. Mas o caminho da Obra é muito amplo: pode-se ir pela direita ou pela esquerda; a cavalo, de bicicleta; de joelhos, a gatinhar como quando éreis crianças; e também pela valeta, desde que não saiais do caminho.

Deus dá a cada um, dentro da vocação geral para o Opus Dei – que consiste em santificar o trabalho profissional no meio da rua –, o seu modo especial de chegar. Não fomos todos cortados pelo mesmo padrão, como se tivéssemos um molde. O nosso espírito é tão amplo que aquilo que é comum a todos não se perde por causa da

---

6 * Referência à Laureada de San Fernando, a mais alta condecoração militar espanhola (N. do T.).

7 ** «O capitão é enaltecido pelo sangue do soldado» (N. do T.).

legítima diversidade pessoal, do são pluralismo. No Opus Dei, não introduzimos as almas num molde, que depois apertamos; não queremos espartilhar ninguém. Há um denominador comum: querer chegar, e basta.

Um vaso com grampos 69

Mas vamos continuar com São Paulo. O querer chegar precisa de conteúdo. O Livro da Sabedoria diz que o coração do insensato é como um vaso partido[8], dividido em partes, com os pedaços espalhados; a Sabedoria não cabe lá dentro, porque vaza. Com isto, o Espírito Santo quer dizer-nos que não podemos ser vasos partidos; não podemos ter uma vontade orientada para um lado e para o outro, diversamente, como um vaso partido, mas temos de ter uma vontade que aponta para um único fim: «*Porro unum est necessarium*!»[9].

Não vos preocupeis com o facto de essa vontade ser um vaso com grampos. Sou muito amigo dos grampos, porque preciso deles. E a água não foge por haver grampos. Para mim, um vaso quebrado e recomposto é uma maravilha; até é elegante, vê-se que serviu para alguma coisa. Meus filhos, esses grampos são um testemunho de que lutastes, de que tendes motivos de humilhação; mas, se não vos partirdes, melhor ainda.

O que tendes de ter, isso sim, é boa disposição. Escrevi há muitos anos que, quando um vaso contém vinho bom e nele se deita vinho bom, bom vinho fica. O mesmo se passa no vosso coração: tendes de ter o bom

8 Cf. Ecli 21, 17.
9 Lc 10, 42: «Uma só coisa é necessária!».

vinho das bodas de Caná. Se na vossa alma houver vinagre, ainda que vos deitem vinho bom – o vinho das bodas de Caná –, tudo vos parecerá repugnante, porque o bom vinho se transformará em vinagre dentro de vós. Se reagis mal, falai. Porque não é razoável que uma pessoa que vai ao médico para ser examinada não conte as dificuldades que tem.

As nossas tarefas, os nossos desejos e os nossos pensamentos têm de convergir para um único fim: «*Porro unum est necessarium*», repito. Já tendes um motivo de luta desportiva. Temos de levar as coisas para Deus, mas como homens, não como anjos. Não somos anjos, de modo que não estranheis as vossas limitações. É melhor que sejamos homens, capazes de merecer e de... fenecer espiritualmente, de morrer. Porque desta maneira perceberemos que todas as coisas grandes que o Senhor quer fazer através da nossa miséria são obra sua. Tal como aqueles discípulos que regressaram pasmados com os milagres que faziam em nome de Jesus[10], perceberemos que o fruto não é nosso; que os espinheiros não podem dar uvas. O fruto é de Deus Pai, que foi tão pai e tão generoso que o pôs na nossa alma.

Portanto, não nos devemos admirar, «*quasi novi aliquid vobis contingat*», como se nos acontecesse uma coisa extraordinária, se sentirmos ferver as paixões – é lógico que isso aconteça, não somos uma parede –, nem se o Senhor operar maravilhas pelas nossas mãos, pois isso também é uma coisa habitual.

Vede o exemplo de São João Batista, quando envia os seus discípulos ao Senhor, para Lhe perguntarem quem é.

---

10 Cf. Lc 10, 17.

Jesus responde-lhes chamando-lhes a atenção para os seus milagres[11]. Estais lembrados desta passagem? Há mais de quarenta anos que falo dela aos meus filhos, para que nela meditem. O Senhor continua a fazer estes milagres, pelas vossas mãos: gente que não via, e agora vê; gente que não era capaz de falar, porque tinha o demónio mudo, e expulsa-o e fala; pessoas incapazes de se mexerem, paralíticas para coisas que não fossem humanas, que quebram a sua imobilidade, e realizam obras de virtude e de apostolado. Outros que parecem viver, e estão mortos, como Lázaro: «*Iam fœtet, quatriduanus est enim*»[12], e que vós, com a graça divina e com o testemunho da vossa vida e da vossa doutrina, da vossa palavra prudente e imprudente, trazeis para Deus, e recuperam a vida.

Também não vos podeis espantar nesses momentos, porque sois Cristo, e Cristo faz essas coisas por meio de vós, como as fez por meio dos primeiros discípulos. Isto é bom, minhas filhas e meus filhos, porque nos enraíza na humildade, afasta a possibilidade da soberba e nos ajuda a ter boa doutrina. O conhecimento dessas maravilhas que Deus opera por meio do vosso trabalho torna-vos eficazes, fomenta a vossa lealdade e, portanto, fortifica a vossa perseverança.

Ânsias de superação 70

Acabaremos com um texto do apóstolo: «*Æmulamini autem charismata meliora*»[13]: aspirai constantemente aos

11 Cf. Mt 11, 4-6.
12 Jo 11, 39: «Já cheira mal, já tem quatro dias».
13 1Cor 12, 31.

dons melhores. Meus filhos, vós e eu queremos portar-nos bem, como é do agrado do Senhor. E, se às vezes as coisas nos saem um pouco mal, não tem importância; lutemos, porque a santidade está na luta.

«*Æmulamini charismata meliora*»: aspirai a coisas melhores, mais gratas a Deus. Não vos conformeis com o que sois diante de Deus, pedi-Lhe com humildade – através da omnipotência suplicante da Virgem Santíssima – que Ele e o Pai nos enviem o Espírito Santo, que deles procede; que, com os seus dons, especialmente com o dom da sabedoria, nos faça discernir as coisas prontamente, para sabermos sempre o que está a correr bem e o que não está a correr bem. Como somos *viatores*, queremos dedicar-nos ao que presta e evitar o que não presta.

Guardai estes pontos de meditação na cabeça e no coração; hão de fazer-vos muito bem. «*Æmulamini charismata meliora*». Mais, de olhos postos em Deus! Mais amor, mais espírito de sacrifício! As nossas mães não lamentam a abnegação que esbanjaram por nossa causa; e nós não podemos queixar-nos por experimentarmos um pouquinho a cruz do Senhor; porque já não é um patíbulo, mas um trono triunfador.

Invocai o Espírito Santo e que Deus vos abençoe.

Da família de José

(19 de março de 1971)[1i]

Ao longo da minha vida, filhos queridíssimos, sempre procurei verter na vossa alma o que Deus me ia dando. No espírito do Opus Dei, não há nada que não seja santo, porque não é uma invenção humana, mas obra da sabedoria divina. Nesse espírito, brilham todas as coisas boas que o Senhor quis colocar no coração do vosso Padre. Se virdes alguma coisa mal na minha pobre vida, não será do espírito da Obra; serão as minhas misérias pessoais. Por isso, rezai por mim, para que seja bom e fiel. 71

Entre os bens que o Senhor quis dar-me, conta-se a devoção à Santíssima Trindade: à Trindade do Céu, Deus Pai, Deus Filho, Deus Espírito Santo, único Deus; e à *trindade* da Terra: Jesus, Maria e José. Compreendo muito bem a unidade e o carinho desta Sagrada Família. Eram três corações, mas um só amor.

---

1 [i] São Josemaria proferiu estas palavras no dia de São José de 1971, numa tertúlia que fez com os alunos do Colégio Romano da Santa Cruz (N. do E.).

72 Com desvelos de Pai

Quero muito a São José; parece-me um homem extraordinário. Sempre o imaginei jovem; por isso, aborreci-me quando colocaram no oratório do Padre uns relevos em que é representado como um homem velho e barbudo. Mandei imediatamente pintar um quadro em que aparece jovem, cheio de vitalidade e de força. Há quem não conceba que se possa guardar a castidade senão na velhice. Mas os velhos só serão castos se o tiverem sido quando eram jovens; quem não tiver sabido ser limpo nos anos da juventude, facilmente terá costumes brutalmente torpes quando for velho.

São José devia ser jovem quando se casou com a Virgem santíssima, uma mulher acabada de sair da adolescência. Sendo jovem, era puro, limpo, castíssimo; e era-o, justamente, por amor. Só enchendo o coração de amor poderemos estar seguros de que ele não se encabritará nem se desviará, mas permanecerá fiel ao amor puríssimo de Deus.

Ontem à noite, depois de me deitar, invoquei muitas vezes São José, muitas, preparando a festa de hoje. Entendi com grande clareza que fazemos realmente parte da sua família. Não é um pensamento gratuito; temos muitas razões para o afirmar. Em primeiro lugar, porque somos filhos de Santa Maria, sua esposa, e irmãos de Jesus Cristo, todos filhos do Pai do Céu. E depois, porque formamos uma família da qual São José quis ser a cabeça; é por isso que lhe chamamos, desde o princípio da Obra, nosso Pai e Senhor.

O Opus Dei não abriu caminho com facilidade. Foi tudo muito difícil, humanamente falando. Eu não queria aprovações eclesiásticas que pudessem distorcer o nosso caminho jurídico, um caminho que não existia e que ainda está a ser feito. Havia muitas pessoas que não entendiam – e ainda há algumas obstinadas em não entender – o nosso fenómeno jurídico, e ainda menos a nossa fisionomia teológica e ascética, esta onda pacífica, pastoral, que vai enchendo a Terra inteira. Eu não desejava aprovações eclesiásticas de nenhum género, mas tínhamos de trabalhar em muitos sítios: havia milhões de almas à nossa espera!

Invocávamos São José, que fez as vezes de Pai do Senhor, e os anos iam passando. Só conseguimos lançar a primeira obra corporativa em 1933; foi a famosa academia DYA. Dávamos aulas de Direito e Arquitetura – daí as letras do nome –, mas na realidade queria dizer Deus e Audácia. Era disso que precisávamos para quebrar, como quebrámos, os moldes jurídicos, e dar uma solução nova às ansiedades da alma dos cristãos que queriam e querem servir Deus com todo o seu coração, dentro das limitações humanas, mas na rua, no trabalho profissional ordinário, sem serem religiosos nem assimilados aos religiosos.

Deixei passar vários anos até redigir o primeiro regulamento da Obra. Recordo-me de que tinha um monte de fichas, nas quais ia recolhendo a nossa experiência. A vontade de Deus estava clara desde o dia 2 de outubro de 1928; mas foi sendo posta em prática pouco a pouco, com o passar dos anos. Evitei o risco de fazer um fato para meter a criatura lá dentro; pelo contrário, ia tirando as medidas – que eram essas fichas de experiência – para fazer o fato adequado. Um dia, passados vários anos, pedi a D. Álvaro e a outros irmãos vossos mais velhos que me ajudassem a ordenar todo esse material. Foi assim que fizemos o primeiro regulamento, em que não se falava de votos, nem de botas, nem de botins, nem de botões, porque não era necessário, e continua a não ser.

73 **O primeiro sacrário**

Em 1934, se não me engano, abrimos a primeira residência de estudantes. Naquela época, o ambiente da minha terra era raivosamente anticlerical; as autoridades perseguiam a Igreja, e tinha-se introduzido uma raiz comunista, que é a negação de todas as liberdades.

Precisávamos de ter o Senhor connosco, no tabernáculo. Agora é fácil; mas, naquela época, instalar um sacrário era um empreendimento muito difícil. Tínhamos de fazer muitas coisas, de mostrar uma espécie de *dechado*...

Não sabeis o que era o *dechado*? As meninas do século passado, quando terminavam os seus estudos, arranhando um pouco o francês e tocando mais ou menos bem piano, tinham de fazer uns lavores num tecido: costuravam, bordavam, cerziam; depois juntavam letras, números, passarinhos... De tudo! Eu vi o *dechado* da minha avó Florência, que a minha irmã Carmen tinha guardado... Era uma espécie de exame final dos colégios de meninas.

E nós tivemos de fazer uma coisa parecida, para que a Igreja olhasse para nós com carinho e nos permitisse ter Jesus sacramentado em casa.

Eu já tinha, no fundo da minha alma, esta devoção a São José que vos inculquei. Lembrava-me do outro José, a quem – seguindo o conselho do Faraó – os egípcios tinham recorrido quando tiveram fome de bom pão: «*Ite ad Ioseph*!»[2]: ide ter com José, para vos dar

---

2 Gen 41, 55.

trigo. Comecei a pedir a São José que nos concedesse o primeiro sacrário, e os filhos que tinha à minha volta faziam o mesmo. Enquanto rezávamos por este assunto, eu tratava de arranjar os meios materiais necessários: os paramentos, o tabernáculo... Não tínhamos dinheiro. Quando juntava vinte e cinco pesetas, que naquela época era uma quantia razoável, gastavam-se noutras necessidades mais prementes.

Consegui que umas freirinhas, a quem quero muito, me cedessem um sacrário; consegui os paramentos noutro sítio e, por fim, o bom bispo de Madrid deu-nos autorização para termos o Santíssimo Sacramento connosco. Então, em sinal de agradecimento, mandei colocar uma pequena corrente na chave do sacrário, com uma medalhinha de São José, por trás da qual está escrito: «*Ite ad Ioseph*!». De modo que São José é verdadeiramente nosso Pai e Senhor, porque nos deu o pão – o pão eucarístico –, como qualquer bom pai de família.

Não disse já que pertencemos à sua família? Além de nos ter alcançado o alimento espiritual, estamos unidos a ele quando o invocamos antes dessa tertúlia que é a oração. E, quando renovamos a nossa entrega e quando nos incorporamos definitivamente na Obra, São José também está presente.

No começo, eu procurava antecipar a Fidelidade, porque precisava de vós. Nunca me senti indispensável para nada. Alguns estarão lembrados de que lhes dizia: se eu morrer, comprometes-te diante de Deus a fazer a Obra? Nunca me julguei necessário, porque não sou. Qualquer de vós é melhor do que eu, e pode ser muito bom instrumento. Naquela época, a Fidelidade fazia-se na festa de São José, metendo o Santo Patriarca nesse compromisso espiritual de fazer a Obra, convencidos de que era um querer positivo de Deus.

74 **Com José, a Maria e Jesus**

Por outro lado, São José é, depois de Santa Maria, a criatura que mais intimamente se relacionou com Jesus na Terra. Gosto muito das orações que a Igreja recomenda à piedade dos sacerdotes para antes e depois da missa; nelas se recorda que São José cuidava do Filho de Deus como os nossos pais cuidaram de nós: vinham ver-nos a vestir, faziam-nos festas, apertavam-nos contra o peito e davam-nos uns beijos tão fortes que às vezes nos magoavam.

Imaginai o que não terá sofrido São José, que amava a Santíssima Virgem e sabia da sua integridade sem mancha, ao ver que ela esperava um filho! Só descansou depois da revelação que Deus Nosso Senhor lhe fez por meio do anjo. Pensara numa solução prudente: não a desonrar, ir-se embora sem dizer nada. Mas que dor!, porque a amava com toda a alma. Imaginai a sua alegria, quando soube que o fruto daquele ventre era obra do Espírito Santo!

Amai a Jesus e sua Mãe Santíssima! Há um ano, enviaram-me uma imagem antiga de marfim, esplêndida, representando a Santíssima Virgem grávida. Fiquei emocionado. Comove-me a humildade de Deus, que quer estar encerrado nas entranhas de Maria – como nós estivemos no seio da nossa mãe – durante o tempo devido, como qualquer criatura, porque é *perfectus Homo*: perfeito Homem, sendo também *perfectus Deus*: perfeito Deus, a segunda Pessoa da Santíssima Trindade.

Não vos comove esta humildade de Deus? Não vos enche de amor saber que Se fez homem e não quis nenhum privilégio? Como Ele, nós também não desejamos privilégios. Queremos ser pessoas normais e comuns; queremos ser cidadãos como os outros. Isto é uma maravilha! Sentimo-nos muito à vontade no lar de Jesus, Maria e José, que passam despercebidos.

Quando vou a um dos nossos oratórios, onde está o tabernáculo, digo a Jesus que O amo e invoco a Trindade. Depois, agradeço aos anjos que guardam o sacrário, adorando a Cristo na eucaristia. Não imaginais, naquela casa de Nazaré – e antes, em Belém, e na fuga para o Egito e no regresso, com medo de perder Jesus porque o rei era filho de um monarca cruel –, os anjos contemplando, pasmados, o aniquilamento do Senhor, esse querer aparecer só como homem? Não amaremos bastante a Jesus se não Lhe dermos graças, com todo o coração, por ter querido ser *perfectus Homo*.

Oração pela Igreja 75

Meus filhos, continuaria a falar se isto fosse uma meditação; mas, como é uma tertúlia, parece-me que já basta. Já tendes matéria suficiente para fazer, cada um por sua conta, um tempo de oração contemplativa: para viver com Jesus, Maria e José naquele lar e naquela oficina de Nazaré; para contemplar a morte do Santo Patriarca, que, conforme a tradição, foi acompanhado por Jesus e Maria; para lhe dizer que o amamos muito, que não nos desampare.

Se no Céu pudesse haver tristeza, São José estaria muito triste nestes tempos, vendo a Igreja decompor-se como se fosse um cadáver. Mas a Igreja não é um cadáver! Passarão as pessoas, mudarão os tempos, e deixarão de se dizer blasfémias e heresias. Atualmente, propagam-

-se sem qualquer dificuldade, porque não há pastores que indiquem onde está o lobo. Quem corre riscos é quem proclama a verdade, porque é perseguido e difamado. Só há impunidade para quem difunde heresias e maldades, erros teóricos e práticos de costumes infames.

Os maiores inimigos estão dentro e no alto; não vos deixeis enganar. Quando abrirdes um livro de temas religiosos, que vos queime as mãos se não tiverdes a certeza de que tem bom critério. Fora! É um veneno ativíssimo; atirai-o para longe, como se fosse um livro pornográfico, e com mais violência ainda, porque a pornografia salta aos olhos enquanto isto se infiltra como que por osmose.

Invocai São José comigo, de todo o coração, para que nos obtenha da Santíssima Trindade e de Santa Maria, sua Esposa, nossa Mãe, que encurte o tempo da prova. E, embora tenham suprimido esta invocação da ladainha dos santos, quero convidar-vos a rezá-la comigo: «*Ut inimicos Sanctæ Ecclesiæ humiliare digneris, te rogamus audi nos*!»[3].

---

3 «Suplicamos-Te que Te dignes confundir os inimigos da Santa Igreja!»: invocação da ladainha dos santos incluída na liturgia batismal no Ritual Romano de 1952.

Nas mãos de Deus

(2 de outubro de 1971)[1i]

«*Sancte Pater, Omnipotens, Æterne et Misericors Deus: Beata Maria intercedente, gratias tibi ago, pro universis beneficiis tuis, etiam ignotis*»[2]. 76

Demos graças, meus filhos, porque o Senhor quis contar sempre com a vossa pequenez e a minha. Recordo agora aqueles pressentimentos, aquelas inquietações dos quinze ou dezasseis anos, quando me escapava da alma um clamor feito de jaculatórias: *Domine, ut sit!*, *Domina, ut sit!*[3] Já então me sentia muito pouca coisa, e agora ainda mais, porque tenho a experiência de uma vida longa, e nunca fui propenso a acreditar em coisas extraordinárias.

Passaram quarenta e três anos desde os começos, e continuamos a caminhar pelo deserto; são mais anos que

---

1 [i] Palavras proferidas por São Josemaria no oratório de Pentecostes, por ocasião do aniversário da fundação do Opus Dei (N. do E.).

2 «Deus, Pai Santo, Omnipotente, Eterno e Misericordioso, por intercessão de Santa Maria, dou-Te graças por todos os teus benefícios, incluindo aqueles que desconheço».

3 Senhor, que seja!, Senhora, que seja!

os daquela longa peregrinação do povo escolhido pelo Sinai. Mas neste nosso deserto brotaram flores e frutos maravilhosos; tanto, que tudo é um oásis frondoso, ainda que isto pareça uma contradição.

Ao longo destes anos, nunca perdi a paz, meus filhos, mas também não vivi um momento tranquilo. Agradeço-Te, Senhor, que me tenhas feito compreender, de maneira evidente, que tudo é teu: as flores e os frutos, a árvore e as folhas, e essa água clara que jorra para a vida eterna. *Gratias tibi, Deus*![4]

77 Uma ação de graças rendida

Agradeço-Te, Senhor, a tua contínua proteção e o facto de teres querido intervir, em algumas ocasiões de modo patente – eu não To pedia e não mereço! –, para que não restasse nenhuma dúvida de que a Obra é tua, só tua e inteiramente tua. Vem à minha memória essa maravilha da filiação divina. Foi num dia de muito sol, no meio da rua, num elétrico: «*Abba, Pater*!, *Abba, Pater*!»...

Obrigado, Senhor, porque não há ninguém a pregar aqui no presbitério. Teria sido justo que falasse de mim, e eu ter-me-ia sentido incomodado. E também teria sido uma injustiça, porque eu não fiz nada, fui sempre um obstáculo... Qualquer dos meus filhos teria dito coisas enternecedoras, e eu – sentindo-me envergonhado – teria saído devagarinho do oratório, encaminhando-me para a porta sem fazer barulho... Obrigado por teres tido esta delicadeza comigo.

---

4 Muito obrigado, meu Deus!

Beata Maria intercedente...[5]. Agora, tudo me parece pasmoso. Eu mais não fiz que estorvar! Não pensava falar-vos hoje, meus filhos, e não preparei nada, nem sequer mentalmente. Estou só a fazer a minha oração pessoal, em voz alta. Fazei vós também a vossa, por vossa conta.

Não me agradeçais. Agradecei tudo ao Senhor, à nossa Mãe, ao nosso Pai e Senhor São José, que é padroeiro da nossa vida espiritual e dá fortaleza a esta nossa ascética, que é mística; a este colossal fenómeno de vida contemplativa no meio da rua.

Obrigado, Senhor, porque me trataram como um trapo, ainda que tenha sido pouco para o que eu merecia. Contemplaste-me neste desporto sobrenatural, e viste que os meus músculos eram desproporcionados para travar este combate com as minhas próprias forças e me chamar vencedor. Sinto de verdade a humilhação de não ter, nem nunca ter tido, as características pessoais que seriam necessárias para fazer um trabalho tão divino. Senhor, sinto-me profundamente humilhado por não ter sabido corresponder como devia. Profundamente humilhado e agradecido com toda a minha alma: *ex toto corde, ex tota anima*[6].

Oração pela Igreja e pela Obra 78

Uma recordação para os nossos defuntos, e estou a pensar nos meus pais – a quem fizemos sofrer sem culpa deles, se bem que às vezes fosse necessário –, para que o Senhor lhes pague com generosidade no Céu. Pensemos nos nossos irmãos que já estão na glória; eu peço-lhes,

---

5 Por intercessão de Santa Maria...
6 De todo o coração e com toda a alma.

já que pertencem à Igreja triunfante – sim senhor, triunfante!, não é verdade que não o seja –, que se unam aos que estão no Purgatório e nos ajudem a dar graças, a nós que ainda estamos a caminhar na Terra e que, portanto, corremos o risco de não chegar.

Sempre um *ritornello*: *ut sit!*, *ut sit!*, *ut sit! Gratias tibi, Deus, gratias tibi!*[7] Sofremos, mas não somos infelizes; vivemos com a felicidade de contar com a tua ajuda. *Pro universis beneficiis tuis, etiam ignotis*. Não tenho nada: nem condições humanas, nem honra, nem méritos... Mas Tu concedes-me tudo, quando queres e como queres. Meu Deus, és amor!

Não sigais senão marginalmente o fio do que vou dizendo, meus filhos. Que cada um faça a oração que mais lhe convier. Na Obra, há lugar para todos os caminhos pessoais que levam a Deus.

Estamos preocupados com a tua Igreja Santa. A Obra não me causa preocupações: está cheia de flores e de frutos; é um bosque frondoso, que se transplanta facilmente, e se enraíza em toda a parte, em todas as raças, em todas as famílias. Quarenta e quatro anos! A Obra não me causa preocupações, mas como foi que não morri mil vezes? Parece-me que sonhei, um sonho sem o colorido daquela terra parda de Castela, ou da minha terra aragonesa. E, neste sonho, fiquei aquém, porque Tu, Senhor, concedes sempre mais. É justo que os meus filhos oiçam em muitas ocasiões da minha boca, desta boca manchada, palavras que lhes permitam sonhar generosamente com o transbordar deste rio imenso, «*fluvium pacis*»[8], por todo o mundo. Sonhai, e ficareis sempre aquém.

---

7 Que seja!, que seja!, que seja! Obrigado, meu Deus, obrigado!
8 Cf. Is 66, 12: «rio de paz».

Vós sois a continuidade 79

Meus filhos, quereis dizer comigo ao Senhor que não tenha em conta a minha pequenez e a minha miséria, mas a fé que me deu? Eu jamais duvidei! E isto também é teu, Senhor, porque vacilar é próprio dos homens.

Quarenta e quatro anos! Meus filhos, lembro-me agora do quadrinho com a imagem de São José de Calasanz que mandei colocar junto da minha cama. Vejo o santo vir a Roma; vejo-o permanecer aqui, ser maltratado. E nisso, vejo-me parecido com ele. Vejo-o santo – e nisso, não me vejo parecido –, até uma ancianidade veneranda.

Sede fiéis, filhos da minha alma, sede fiéis! Vós sois a continuidade. Como nas corridas de obstáculos, chegará o momento – quando Deus quiser, onde Deus quiser, como Deus quiser – em que tereis de ser vós a continuar a corrida, a passar o bastão uns aos outros, porque eu já não poderei fazê-lo. Procurareis que não se perca o bom espírito que recebi do Senhor, que se mantenham íntegras as características peculiares e concretas da nossa vocação. Transmitireis este nosso modo de viver, humano e divino, à próxima geração, e esta à outra, e à seguinte.

Senhor, peço-Te tantas coisas para os meus filhos e para as minhas filhas... Peço-Te pela sua perseverança, pela sua fidelidade, pela sua lealdade! Seremos fiéis se formos leais. Peço-Te que passes por alto, Senhor, as nossas quedas; que ninguém se sinta seguro se não combater, porque de onde menos se pensa salta a lebre, como diz o provérbio. E todos os provérbios estão cheios de sabedoria.

Compreendei-vos, desculpai-vos, amai-vos, vivei com a certeza de estardes sempre nas mãos de Deus, acompanhados pela sua bondade, sob o amparo de Santa Maria, sob o patrocínio de São José e protegidos pelos anjos da guarda. Nunca vos sintais sós, mas sempre acompanhados, e estareis sempre firmes; com os pés no chão e o coração lá em cima, para saberdes seguir o que é bom.

Deste modo, ensinaremos sempre a doutrina sem erros, agora que há tantos que não o fazem. Senhor, amamos a Igreja porque Tu és a sua cabeça; amamos o Papa, porque tem a função de Te representar. Sofremos com a Igreja – a comparação é do verão passado – como sofreu o Povo de Israel naqueles anos de permanência no deserto. Porquê tantos, Senhor? Talvez para que nos pareçamos mais contigo, para que sejamos mais compreensivos e nos enchamos mais da tua caridade.

Belém é o abandono; Nazaré, o trabalho; a vida pública, o apostolado. Fome e sede. Compreensão, quando trata com os pecadores. E na cruz, com um gesto sacerdotal, estende as mãos para que caibamos todos no madeiro. Só se pode amar a humanidade inteira – e nós queremos bem a todas as almas, não rejeitamos ninguém – do alto da cruz.

Vê-se que o Senhor quer dar-nos um coração grande... Olhai como nos ajuda, como cuida de nós, como se nota claramente que somos o seu «*pusillus grex*»[9], quanta fortaleza nos dá para orientar e corrigir o rumo, como nos impele a lançar aqui e ali uma pedra que evite a desagregação, como nos ajuda na piedade com o seu assobio amoroso.

Obrigado, Senhor, porque sem amor verdadeiro a entrega não teria razão de ser. Vivamos sempre com a alma repleta de Cristo, e o nosso coração saberá acolher, purificadas, todas as coisas da Terra. Assim, deste coração,

---

9 Cf. Lc 12, 32: «pequeno rebanho».

que refletirá o teu coração amadíssimo e misericordioso, sairá luz, sairá sal, sairão labaredas que tudo abrasem.

Recorramos a Santa Maria, Rainha do Opus Dei. Lembrai-vos de que, por fortuna, esta Mãe não morre. Ela conhece a nossa pequenez, e para ela somos sempre meninos pequenos, que cabemos no descanso do seu regaço.

Tempo de reparar

(fevereiro de 1972)[1i]

Minhas filhas e meus filhos, este vosso Padre quer 80
de novo abrir-vos o coração: temos de continuar a rezar, com confiança, que é a primeira condição da boa oração, certos de que o Senhor nos escuta. Olhai que o próprio Deus nos diz agora, no começo desta Quaresma: «*Invocabit me, et ego exaudiam eum; eripiam eum, et glorificabo eum*»[2]: Invocar-me-eis e Eu escutar-vos-ei; livrar-vos-ei e glorificar-vos-ei.

Mas temos de rezar com ânsias de reparação. Há muito que expiar, fora e dentro da Igreja de Deus. Procurai umas palavras, componde uma jaculatória pessoal, e repeti-a muitas vezes por dia, pedindo perdão ao Senhor, primeiro pela nossa frouxidão pessoal e, depois, por tan-

---

1 [i] Primeiro de uma trilogia de textos organizados durante o o primeiro semestre de 1972 (os outros dois são os textos que se seguem neste volume), que têm em comum o facto de terem sido elaborados com base em passagens de tertúlias e meditações pregadas por São Josemaria durante esses meses. Os temas também são parecidos: contêm exortações espirituais à resposta fiel a Deus dos membros do Opus Dei, numa época de crise do mundo católico (N. do E.).

2 Missal Romano, I Domingo da Quaresma, antífona de entrada (Sl 90, 15).

tas ações delituosas que se cometem contra o seu Santo Nome, contra os seus sacramentos, contra a sua doutrina. «Escuta, ó Deus, a oração do teu servo, ouve as suas preces, e, por amor do teu Nome, Senhor, faz brilhar o teu rosto sobre o teu santuário devastado. Ouve, ó Deus, e escuta. Abre os teus olhos e olha para as nossas ruínas, olha para a cidade na qual se invoca o teu nome, pois não Te suplicamos apoiados na nossa justiça, mas na tua grande misericórdia»[3].

81 Desagravar o Senhor

Pedi perdão, meus filhos, pela confusão, pelas infâmias que se facilitam dentro da Igreja e que vêm de cima, corrompendo as almas quase desde a infância. Se não for assim, se não andarmos por este caminho de penitência e de reparação, não conseguiremos nada.

Somos poucos para tão grande multidão? Estamos cheios de misérias e fraquezas? Não podemos nada humanamente? Meditai comigo aquelas palavras de São Paulo: «Deus escolheu os néscios segundo o mundo para confundir os sábios; e Deus escolheu os fracos do mundo para confundir os fortes; e as coisas vis e desprezíveis do mundo, e aquelas que não eram nada, para destruir as que parecem grandes, a fim de que nenhum mortal se vanglorie perante Ele»[4].

Apesar das nossas misérias e dos nossos erros, o Senhor escolheu-nos para sermos seus instrumentos, nestes momentos difíceis da história da Igreja. Meus filhos, não

---

3 Dan 9, 17-18.
4 1Cor 1, 27-29.

podemos escudar-nos por trás da nossa pequenez pessoal, não devemos enterrar os talentos que recebemos[5], não podemos olhar com indiferença as ofensas que se fazem a Deus e o mal que se ocasiona às almas. «Estai alerta, não aconteça que, já avisados, sejais seduzidos pelos insensatos e venhais a perder a vossa firmeza»[6].

Cada um no seu estado, e todos com a mesma vocação, respondemos afirmativamente ao chamamento divino, para servir Deus e a Igreja, e para salvar almas. Portanto, temos mais dever e mais direito que outros de estar alerta; temos mais responsabilidade de viver com fortaleza; e também temos mais graça.

Reparastes como são atuais as palavras da epístola do primeiro domingo da Quaresma? «Exortamo-vos a não receberdes em vão a graça de Deus, pois Ele mesmo diz: "No tempo oportuno Eu te ouvi, e no dia da salvação vim em teu auxílio". É este o tempo favorável, é este o dia da salvação. Não demos a ninguém motivo de escândalo, para que o nosso ministério não seja vituperado; mas comportemo-nos em todas as coisas como devem comportar-se os ministros de Deus»[7].

A luta ascética, compromisso de amor 82

Na Obra, todos temos um compromisso de amor, livremente assumido, com Deus Nosso Senhor. Um compromisso que se fortalece com a graça pessoal, própria

---

5 Cf. Lc 19, 20.
6 2Ped 3, 17.
7 Missal Romano, I Domingo da Quaresma, leitura (2Cor 6, 1-4).

do estado de cada um, e com a outra graça específica que o Senhor dá às almas que chama para o seu Opus Dei. Sabe-me a mel e a favo aquela divina declaração de amor: «*Redemi te, et vocavi te nomine tuo, meus es tu*!»[8]: redimi-te e chamei-te pelo teu nome, tu és meu! Não nos pertencemos, meus filhos; somos dele, do Senhor, porque nos deu na gana responder: «*Ecce ego, quia vocasti me*!»[9]: aqui estou, porque me chamaste!

Um compromisso de amor, que é também um vínculo de justiça. Não me agrada falar só de justiça quando falo de Deus; na sua presença, recorro à sua misericórdia, à sua compaixão, como recorro à vossa piedade de filhos para que rezeis por mim, pois sabeis que a minha oração não vos falta em nenhum momento do dia nem da noite.

Mas que matéria tem esse compromisso de amor? A que nos obriga? A lutar, minhas filhas e meus filhos. A lutar, com o fim de pormos em prática os meios ascéticos que a Obra nos propõe para sermos santos; a lutar, para cumprirmos as nossas normas e os nossos costumes; a esforçar-nos por adquirir e defender a boa doutrina, por melhorar a própria conduta; a procurar viver de oração, de sacrifício e de trabalho, e – se for possível – sorrindo; porque eu entendo, meus filhos, que às vezes não é fácil sorrir.

Padre – dir-me-eis –, devemos lutar para dar exemplo? Sim, meus filhos, mas sem procurar aplausos na Terra. Não vacileis se encontrardes zombarias, calúnias, ódios, desprezos. Temos de batalhar – fala de novo a liturgia do dia – «no meio de honras e desonras, da infâmia

---

8 Is 43, 1.

9 1Sam 3, 9.

e da boa fama; tidos por impostores, sendo verazes; por desconhecidos, quando todos nos conhecem; por moribundos, tendo boa saúde; por condenados, sem sentir humilhação; por tristes, estando sempre alegres; por indigentes, enquanto enriquecemos a muitos; como se nada possuíssemos, nós que tudo possuímos»[10].

Não espereis parabéns, nem palavras de alento, na vossa peleja cristã. Devemos ter a consciência bem clara. Sabemos que a nossa luta interior é necessária para servir a Deus, a Igreja e as almas? Estamos convencidos de que o Senhor quer servir-Se – nestes momentos de tremenda deslealdade – do nosso pequeno esforço por ser fiéis, para encher de fé, de esperança e de amor milhares de almas? Vamos, então, lutar, filhas e filhos meus, de olhos postos em Deus e sempre contentes, sem pensar em louvores humanos.

Senhor, embora cultivemos o trato contigo, atraiçoamos-Te; mas voltamos para Ti. Sem esse trato, que seria de nós? Como poderíamos procurar ter intimidade contigo? Como seríamos capazes de nos sacrificar contigo na cruz, pregando-nos por amor a Ti, para servir as criaturas?

«Meu Deus, abandonar-Te é avançar para a morte; seguir-Te é amar; ver-Te é possuir-Te. Dá-me, Senhor, uma fé sólida, uma esperança abundante, uma contínua caridade. Invoco-te, meu Deus, por quem vencemos o inimigo, meu Deus, por cujo favor não perecemos totalmente. Ó Deus, Tu mandas-nos estar vigilantes; com a tua graça evitamos o mal e fazemos o bem. Ó Deus, Tu nos fortificas para que não sucumbamos perante as

---

10 Missal Romano, I Domingo da Quaresma, leitura (2Cor 6, 8-10).

adversidades, Tu, a quem se deve a nossa obediência e bom governo»[11].

83 **Lutar até ao último instante**

Lutai, meus filhos, lutai. Não façais como esses que dizem que a confirmação não nos torna *milites Christi*[12]. Talvez seja porque não querem combater e, por isso, são o que são: uns derrotados, uns vencidos, homens sem fé, almas caídas, como Satanás. Não seguiram o conselho do apóstolo: «Suporta o trabalho e a fadiga como bom soldado de Jesus Cristo»[13].

Como soldados de Cristo, temos de travar as batalhas de Deus, *in hoc pulcherrimo caritatis bello*![14]. Não temos outro remédio senão travar com empenho esta belíssima guerra de amor, se queremos realmente alcançar a paz interior e a serenidade de Deus para a Igreja e para as almas.

Quero recordar-vos que «a nossa luta não é contra a carne e o sangue, mas contra os príncipes e potestades, contra os dominadores das trevas deste mundo, contra os espíritos malignos [...]. Portanto, tomai as armas de Deus, para poderdes resistir no dia mau e vos manterdes firmes em tudo»[15].

Na Terra, nunca podemos ter a tranquilidade dos comodistas, que se desleixam porque pensam que o porvir

---

11 Santo Agostinho, *Soliloquia*, 1, 1-3.
12 Soldados de Cristo.
13 2Tim 2, 3.
14 Nesta belíssima guerra de amor.
15 Ef 6, 12-13.

é seguro. O porvir de todos nós é incerto, no sentido em que podemos ser traidores a Nosso Senhor, à vocação e à fé. Temos de fazer o propósito de lutar sempre. No último dia do ano que passou, escrevi numa ficha: «Este é o nosso destino na Terra: lutar, por amor até ao último instante. *Deo gratias*!».

Eu procurarei batalhar até ao derradeiro momento da minha vida; e vós, a mesma coisa. Peleja interior, mas também por fora, opondo-me de todos os modos possíveis à destruição da Igreja, à perdição das almas: «Na guerra e no campo de batalha, o soldado que apenas pretender salvar-se mediante a fuga, perde-se a si mesmo e perde os outros. Pelo contrário, o valente, que luta por salvar os outros, também se salva a si próprio. Já que a nossa religião é uma guerra, e a mais dura de todas as guerras, que é investida e batalha, formemos uma linha de combate como o nosso rei nos ordenou, sempre dispostos a derramar o nosso sangue, propondo-nos a salvação de todos, alentando os que estão firmes e levantando os que estão caídos. É certo que muitos dos nossos amigos jazem no chão, cobertos de feridas e jorrando sangue, e não há ninguém que cuide deles, ninguém, nem do povo, nem dos sacerdotes, nem de nenhum outro grupo: não têm protetor, nem amigo, nem irmão»[16].

Se algum dos meus filhos se desleixa e deixa de guerrear, ou se vira as costas, saiba que nos atraiçoa a todos: atraiçoa Jesus Cristo, a Igreja, os seus irmãos na Obra e todas as almas. Nenhum de nós é uma peça isolada; somos membros de um mesmo corpo místico, que é a Igreja Santa[17], e – por compromisso de amor – membros da

16 São João Crisóstomo, *In Mathæum Homiliæ*, 59, 5.
17 Cf. 1Cor 12, 26-27.

Obra de Deus. Por isso, se algum deixasse de combater, causaria um grave dano aos seus irmãos, à sua santidade e ao seu trabalho apostólico, e seria um obstáculo para superar estes momentos de prova.

84 Ser leais

Minhas filhas e meus filhos, todos temos altos e baixos na alma. Há momentos em que o Senhor nos tira o entusiasmo humano; notamos cansaço, é como se o pessimismo quisesse adormecer a alma, e sentimos que alguma coisa tenta cegar-nos e só nos deixa ver as sombras do quadro. Nesses momentos, temos de falar com sinceridade e deixar-nos levar pela mão, como crianças.

Recorrei à conversa confidencial, fraterna, periódica. Recorrei à confissão, que, como tendes bom espírito, fazeis com um sacerdote da Obra sempre que possível[18ii]. Se procurardes reagir assim, o quadro recuperará imediatamente as luzes e compreenderemos que aquelas sombras eram providenciais, porque, se não existissem, faltaria relevo ao retábulo da nossa vida. «Tu, que habitas sob a proteção do Altíssimo e moras à sombra do Todo-Poderoso, diz ao Senhor: "Tu és o meu refúgio e a minha cidadela, meu Deus, em quem confio". Ele te livrará da rede do caçador e da peste exterminadora; Ele te cobrirá e

---

18 ii Segundo o espírito e os modos específicos do Opus Dei, o acompanhamento espiritual dos membros é feito, em parte, através dos conselhos que são dados na confissão, sendo por isso coerente recorrer a sacerdotes com o mesmo espírito; mas cada um tem, evidentemente, a liberdade de se confessar com quem desejar, como São Josemaria recorda um pouco mais à frente, no nº 85 (N. do E.).

te abrigará à sombra das suas asas; e a sua fidelidade será para ti escudo e adarga»[19].

Peço a Jesus, por intercessão de sua Mãe bendita e do nosso Pai e Senhor São José – a quem tanto quero –, que me entendais. Sempre, mas muito mais nestes momentos, seria uma traição deixarmos de estar vigilantes, abrirmos a mão, consentirmos na menor infidelidade. Quando há tanta gente desleal, estamos mais obrigados a ser fiéis aos nossos compromissos de amor. Não vos importe se vos parecer que perdestes outros motivos, que anteriormente vos ajudavam a caminhar, e que só vos resta este: a lealdade para com Deus.

Lealdade! Fidelidade! Homens de bem! No grande e no pequeno, no pouco e no muito. Querer lutar, ainda que às vezes pareça que não conseguimos querer. Se tiverdes um momento de debilidade, abri a alma de par em par e deixai-vos conduzir suavemente: hoje subo dois degraus, amanhã quatro... No dia seguinte, talvez não subamos nenhum, porque ficámos sem forças. Mas queremos querer. Temos, ao menos, desejos de ter desejos. Meus filhos, isso já é combater.

Eu aconselharia algum que não estivesse decidido a ser constante nos seus compromissos, a manter-se íntegro na fé e irrepreensível na conduta, a desistir de ser hipócrita, a ir-se embora e a deixar-nos, aos outros, tranquilos no nosso caminho. Há um refrão na minha terra que diz: «o herrar o quitar el banco»[20*]; ou se desempenha o ofício próprio dos cristãos, ou se suprime o banco onde não se trabalha.

---

19 Lecionário Romano, I Domingo da Quaresma, salmo (Sl 90, 1-4).

20 * Expressão equivalente a «ou anda ou sai da frente» (N. do T.).

A nossa tarefa sobrenatural é amar a Deus de verdade, que foi para isso que Ele nos deu um coração e no-lo pediu inteiro. Não podemos ser fingidos; eu sei que nenhum dos meus filhos o é. Insisto, contudo: se não meditardes no que vos digo, se não procurardes estar atentos, perdereis o vosso tempo e fareis muito mal à Igreja e à Obra. O Senhor, filhas e filhos da minha alma, está à espera da nossa correspondência, levando em consideração que somos frágeis e estamos inclinados para todas as misérias. Por isso, ajuda-nos sempre: «Porque se uniu a Mim, Eu o libertarei; defendê-lo-ei, porque reconheceu o meu nome»[21], diz o salmo.

85 **Os meios para vencer**

Que fareis quando virdes – porque isso nota-se – que um irmão vosso afrouxa e não luta? Pois bem, acolhê-lo-eis, ajudá-lo-eis! Se notais que lhe custa rezar o terço, convidai-o a rezar convosco. Se tem mais dificuldade na pontualidade: escuta, faltam cinco minutos para a oração, ou para a tertúlia. Para que serve a correção fraterna? Para que serve a conversa pessoal que há em Casa? Se alguém lhe foge ou a prolonga excessivamente, cuidado.

E a confissão? Nunca a deixeis, no dia marcado e sempre que for necessária, filhas e filhos meus. Tendes liberdade para vos confessardes com quem quiserdes, mas seria uma loucura colocar-vos noutras mãos, que talvez se envergonhem de estar ungidas. Não podeis confiar!

---

21 Lecionário Romano, I Domingo da Quaresma, salmo (Sl 90, 14).

Todos estes meios espirituais, facilitados pelo carinho que temos uns pelos outros, existem para nos ajudar a recomeçar, para voltarmos de novo a procurar o refúgio da presença de Deus, com a piedade, com as pequenas mortificações, com a preocupação pelos outros. É isto que nos torna fortes, serenos e vencedores.

Agora mais do que nunca, devemos estar unidos na oração e na vigilância, para conter e purificar estas águas turvas que transbordam e atingem a Igreja de Deus. «*Possumus*»: podemos vencer esta batalha, ainda que as dificuldades sejam grandes. Deus conta connosco. «É isto que deve cumular-vos de alegria, ainda que agora, por um pouco tempo, convenha que sejamos afligidos com várias tentações, para que a nossa fé, provada desta maneira e muito mais pura que o ouro – que se acrisola com o fogo –, seja digna de louvor, de glória e de honra, na vinda visível de Jesus Cristo»[22].

A situação é grave, filhas e filhos meus. Toda a linha da frente da batalha está ameaçada; que não se quebre por um de nós. O mal – não cesso de vos prevenir – vem de dentro e de muito alto. Há uma autêntica podridão e, por vezes, é como se o corpo místico de Cristo fosse um cadáver em decomposição, que fede. Quantas ofensas a Deus! Nós, que somos tão frágeis e ainda mais frágeis que os outros, mas que – como acabo de dizer – temos um compromisso de amor, devemos dar agora à nossa existência um sentido de reparação. *Cor Iesu Sacratissimum et Misericors, dona nobis pacem!*[23].

Meus filhos, vós que tendes um coração grande e jovem, um coração ardente, não sentis a necessidade de

---

22 1Ped 1, 6-7.

23 Coração Sacratíssimo e Misericordioso de Jesus, dai-nos a paz!

desagravar? Levai a alma por esse caminho: o caminho do louvor a Deus, vendo cada um o modo de ser firmemente tenaz; e o caminho do desagravo, do amor posto onde se produziu um vazio, pela falta de fidelidade de outros cristãos.

86 Otimismo sobrenatural

«*De profundis*... Das profundezas te invoco, Javé! Ouve, Senhor, a minha voz; estejam atentos os teus ouvidos ao clamor das minhas súplicas. Se olhares, Senhor, para os nossos pecados, quem poderá subsistir?»[24]. Peçamos a Deus que se estanque esta sangria na sua Igreja, que as águas voltem ao seu leito. Dizei-Lhe que não tenha em conta as loucuras dos homens, e que mostre a sua indulgência e o seu poder.

Não nos podemos deixar vencer pela tristeza. Somos otimistas, também porque o espírito do Opus Dei é de otimismo. Mas não estamos na lua; estamos na realidade, e a realidade é amarga.

Todas estas traições à Pessoa, à doutrina e aos sacramentos de Cristo, bem como a sua Mãe puríssima, parecem uma vingança; a vingança de um espírito miserável contra o amor de Deus, contra o seu amor generoso, contra a entrega de Jesus Cristo, desse Deus que Se aniquilou, fazendo-Se homem; que Se deixou pregar com ferros ao madeiro, ainda que não necessitasse de pregos porque lhe bastava – para estar fixo e suspenso da cruz – o amor que nos tinha; e que ficou entre nós no sacramento do altar.

---

24 Sl 129, 1-3.

Luz com escuridão, assim Lhe temos pagado. Generosidade com egoísmos, assim Lhe temos pagado. Amor com frieza e desprezo, assim Lhe temos pagado. Minhas filhas e meus filhos, não tenhais vergonha conhecer a nossa constante miséria. Mas peçamos perdão: «Perdoa, Senhor, o teu povo, e não abandones a tua herança ao opróbrio, entregando-a ao domínio das nações»[25].

Todos os dias me apercebo mais destas realidades, e cada dia procuro mais a intimidade de Deus, na reparação e no desagravo. Ponhamos diante dele o número de almas que se perdem, e que não se perderiam se não tivessem sido colocadas em ocasião; de almas que abandonaram a fé, porque hoje se pode fazer propaganda impune de todo o tipo de falsidades e heresias; de almas que foram escandalizadas por tanta apostasia e por tanta maldade; de almas que se viram privadas da ajuda dos sacramentos e da boa doutrina.

Nas visitas que recebo, são muitos os que se queixam, os que sentem a tragédia e a impossibilidade de tomar providências humanas para remediar o mal. Eu digo a todos: reza, reza, reza e faz penitência. Não posso aconselhá-los a desobedecer, mas posso pedir-lhes a resistência passiva de não colaborarem com os que destroem, de lhes porem dificuldades, de se defenderem pessoalmente. E, melhor ainda, a resistência ativa de cuidarem da vida interior, que é a fonte do desagravo e do clamor.

Tu, Senhor, disseste-nos que devíamos clamar: «*Clama, ne cesses*!»[26]. Temos cumprido os teus desejos em todo o mundo, pedindo-Te perdão, porque, no meio das nossas misérias, Tu nos deste fé e amor. «A Ti levanto os

---

25 Missal Romano, Quarta-Feira de Cinzas, epístola (Jl 2, 17).
26 Is 58, 1.

meus olhos, a Ti que habitas nos Céus. Como os olhos do servo estão atentos às mãos do seu senhor, e os olhos da escrava às mãos da sua senhora, assim se levantam os nossos olhos para Javé, nosso Deus, até que Se compadeça de nós»[27].

Por intercessão de Santa Maria e do Santo Patriarca São José, pedi ao Senhor que nos aumente o espírito de reparação; que tenhamos dor dos nossos pecados, que saibamos recorrer ao sacramento da penitência. Meus filhos, escutai o vosso Padre: não há melhor ato de arrependimento e desagravo que uma boa confissão. Aí, recebemos a fortaleza de que precisamos para lutar, apesar dos nossos pobres pés de barro. «*Non est opus valentibus medicus, sed male habentibus*»[28]: o médico não é para os sãos, mas para os que estão doentes.

87 **Uma súplica ardente**

Senhor, ficas contente quando recorremos a Ti com a nossa lepra, com a nossa fraqueza, com a nossa dor e o nosso arrependimento; quando Te mostramos as nossas chagas para que nos cures, para que faças desaparecer a fealdade da nossa vida. Bendito sejas!

Faz com que todos os meus filhos entendam que temos obrigação de Te desagravar, ainda que estejamos feitos de barro seco e nos quebremos de vez em quando, e seja necessário que os outros nos sustenham. Ajuda-nos a ser fiéis aos nossos compromissos de amor, porque Tu és a fortaleza de que a nossa frouxidão precisa, sobretudo

---

27 Sl 122, 1-2.
28 Mt 9, 12.

quando se vive no meio da crueldade dos inimigos no campo de batalha.

Faço o propósito de percorrer de novo, em viagem de penitência, em ação de graças, cinco santuários marianos, quando Te dignares remediar – começar a remediar – esta situação. Bem sei que a primeira coisa que queres é que recorramos a tua Mãe – «*Ecce Mater tua*!»[29] – e nossa Mãe. Recorrerei a ela com espírito de amor, de agradecimento e de reparação, sem espetáculo.

Faz com que sejamos duros connosco próprios e compreensivos com os outros. Faz com que não nos cansemos de semear boa doutrina no coração das almas, «*opportune et importune*»[30], a toda a hora, com o nosso pensamento, que nos leva a colocar-nos na tua presença; com os nossos desejos ardentes, com a nossa palavra oportuna, com a nossa vida de filhos teus.

Faz com que metamos na consciência de todos a possibilidade esplêndida, maravilhosa, de manter um trato íntimo contigo, sem sentimentalismos. Procuro com alegria aquilo que Tu nos dás? Senhor, bendito sejas! Se não queres, não nos dês esse consolo, mas não podemos pensar que seja mau desejá-lo. É bom, como quando nos apetece saborear uma fruta, um alimento. Meus filhos, pôr esse aliciante é parte do modo de agir de Deus.

Faz com que não nos faltem as consolações divinas, e que, quando quiseres que passemos sem elas, compreendamos que nos tratas como adultos, que não nos dás o leite que se dá a um recém-nascido, ou a papinha que alimenta uma criatura que mal começa a ter os primeiros dentes. Concede-nos a serenidade de entender que nos

---

29 Cf Jo 19, 27.
30 2Tim 4, 2.

proporcionas o sustento sólido, daqueles que já podem andar por conta própria. Suplico-Te, porém, que Te dignes conceder-nos uma dedada de mel, porque este momento é muito penoso para todos.

Peço-Te, por mediação de Santa Maria, tendo como advogado o meu Pai e Senhor São José, invocando os anjos e todos os santos, as almas que estão na tua glória e gozam da visão beatífica, que intercedam por nós, para que nos mandes os dons do Espírito Santo.

Rogo-Te também que percebamos que és Tu quem vem no sacramento do altar e que, quando as espécies desaparecem, Tu, meu Deus, não Te vais embora: ficas! Começa em nós a ação do Paráclito, e uma Pessoa nunca está só: estão smpre as três, o Deus único. Que este nosso corpo e esta nossa alma, esta pobre criatura, este pobre homem que eu sou, saiba sempre que é como um sacrário onde a Santíssima Trindade estabelece a sua morada.

Minhas filhas e meus filhos, dizei comigo: creio em Deus Pai, creio em Deus Filho, creio em Deus Espírito Santo, creio na Santíssima Trindade. E, com a ajuda da minha Mãe, Santa Maria, lutarei para ter tanto amor que chegue a ser, neste deserto, um grande oásis onde Deus possa descansar. «*Cor contritum et humiliatum, Deus, non despicies*!»[31]: o Senhor não faz ouvidos surdos a um coração arrependido e humilhado.

---

31 Sl 50, 19.

O talento de falar

(abril de 1972)[1i]

No Opus Dei, filhas e filhos meus, todos devemos ser pessoas bem maduras, cada qual com as suas características próprias, que a Obra não somente respeita, mas fomenta e defende. Na vida espiritual, no entanto, todos temos de ser como crianças pequenas: simples, transparentes. Por isso, gosto de repetir que fiz recentemente *sete* anos; e aconselho-vos a não passardes dessa idade, porque um menino de oito ou nove anos já aprendeu a dizer mentirolas muito grandes. 88

Precisamente com os meus *sete* anos de experiência, quero lembrar-vos uma coisa que me ouvistes dizer muitas vezes. Este vosso Padre sente-se capaz de todos os erros e de todos os horrores em que podem cair as pessoas mais desgraçadas. E vós, se vos conhecerdes um bocadinho, também vos sentireis assim. Portanto, se alguma vez tiverdes a desgraça de tropeçar – e de tropeçar gravemente, coisa que não acontecerá –, não vos surpreendais: retificai, falai imediatamente! Se fordes sinceros, o Senhor encher-

---

1 [i] Este texto reúne diversos ensinamentos de São Josemaria do ano anterior, encadeados com uma certa unidade (N. do E.).

-vos-á da sua graça e voltareis à luta com mais força, com mais alegria, com mais amor.

89 É sempre tempo de lutar

Então o Padre quer que caiamos e que erremos? Não, meus filhos. Como hei de querer uma coisa dessas! Mas se alguma vez, por fraqueza humana, cairdes de bruços, não desanimeis. Seria uma reação de soberba pensar, numa altura dessas: «Eu não sirvo». É claro que serves! E vales todo o sangue de Cristo. «*Empti enim estis pretio magno*»[2]: fostes comprados por um grande preço. Aproximai-vos imediatamente do sacramento da penitência, falai sinceramente com o vosso irmão, e recomeçai!, que Deus conta convosco para fazer a sua Obra.

Não vos entristeçais se, nos momentos mais maravilhosos da vossa vida, sentis a tentação – que talvez possais confundir com um desejo consentido, mas que não o é – das maiores fealdades que é possível imaginar. Recorrei à misericórdia do Senhor, contando com a intercessão de sua Mãe e Mãe nossa, e tudo se conserta. Depois, desatai a rir: Deus trata-me como se fosse um santo! Não tem importância nenhuma; persuadi-vos de que a criatura velha que todos trazemos dentro de nós pode levantar-se em qualquer momento. Contentes, e a lutar como sempre! Agora que ninguém quer falar de batalhas nem de guerras, não temos outro remédio senão recordar aquelas palavras da Sagrada Escritura: «*Militia est vita hominis super terram*»[3]. Se bem que a vossa

---

2 1Cor 6, 20.
3 Job 7, 1.

luta, minhas filhas e meus filhos, se fizerdes caso destes conselhos do vosso Padre – que tem muita experiência das fraquezas humanas, por ser sacerdote, pela idade e pelo conhecimento que tem de si próprio –, será geralmente uma *pequena guerra*, uma luta em coisas sem demasiada importância, bem longe dos muros capitais da fortaleza.

De vez em quando, talvez encontreis mais violência, mais força na soberba e nas coisas que puxam para o barro. Nessa altura, a maior loucura que podereis cometer será calar-vos. «Enquanto permaneci calado», reza um dos salmos, «os meus ossos consumiam-se em gemidos durante o dia todo, pois a tua mão pesava sobre mim dia e noite, e o meu vigor converteu-se em secura de estio»[4]. Em contrapartida, tudo se consertará se falardes, se contardes as vossas dificuldades, erros e misérias nessa conversa pessoal, íntima e fraterna, que há em Casa, e na confissão. Falai claramente *antes*, filhos da minha alma, quando notardes o primeiro sintoma, ainda que seja muito leve, ainda que pareça não ter importância. Falai claramente e pensai que não fazer assim é encher-se de rubores tolos e de trejeitos de noviça, quando tendes a obrigação de vos portardes valentemente, como soldados. Não me refiro só às fraquezas da carne, embora também as inclua, mas no seu sítio, em quinto ou sexto lugar. Refiro-me sobretudo à soberba, que é o nosso maior inimigo, o que nos faz andar tresloucados.

Não vos admireis, portanto, se alguma vez cometerdes uma tolice. Mostrai a ferida, a chaga, e deixai agir quem vos cure, ainda que doa. Assim, recuperareis a saú-

---

4 Sl 31, 3-4.

de, seguireis em frente e a vossa vida traduzir-se-á num grande bem para as almas.

O nosso Deus é tão sumamente bom que, por pouco que lutemos, responde inundando-nos com a sua graça. O Senhor, com o seu coração de Pai – maior que todos os nossos corações juntos –, é omnipotente e quer-nos a todos perto dele; a sua alegria – «as suas delícias são estar com os filhos dos homens»[5] – consiste em cumular de alegria os que se aproximam dele. E sabeis como nos aproximamos de Deus? Com atos de contrição, que nos purificam e nos ajudam a ser mais limpos.

Temos de nos comportar como um menino que se sabe com a cara suja e decide lavar-se, para que a mãe lhe dê dois beijos. Se bem que, no caso da alma contrita, é Deus quem nos purifica e, depois e entretanto, como uma mãe, não ralha connosco, mas pega em nós ao colo, ajuda-nos, aperta-nos contra o peito, vem ao nosso encontro, limpa-nos e concede-nos a sua graça, a vida, o Espírito Santo. Não só nos perdoa e nos consola, se recorrermos a Ele com boas disposições, como nos cura e nos alimenta.

90 O sacramento do perdão

É preciso voltar para Deus quanto antes; voltar, voltar sempre. Eu volto muitas vezes por dia, e há semanas em que me confesso duas vezes; às vezes uma, outras vezes três, sempre que preciso, para minha tranquilidade. Não sou beato nem escrupuloso, mas sei o que é bom para a minha alma.

---

5 Cf. Prov 8, 31.

Agora, há em muitos sítios gente sem piedade nem doutrina que aconselha as pessoas a não se confessarem; atacam o santo sacramento da penitência da maneira mais brutal. Pretendem fazer uma comédia: umas palavrinhas, todos juntos, e depois a absolvição. Não, meus filhos! Amai a confissão auricular! E não somente dos pecados graves, mas também dos pecados leves, e mesmo das faltas. Os sacramentos conferem a graça *ex opere operato*: pela própria virtude do sacramento, e também *ex opere operantes*: conforme as disposições de quem os recebe. A confissão, além de ressuscitar a alma e a limpar das misérias que tenha cometido – por pensamentos, desejos, palavras ou ações –, produz um aumento da graça, robustece-nos, proporciona-nos mais armas para alcançarmos a vitória interior, pessoal. Amai o santo sacramento da penitência!

Já vistes manifestação mais grandiosa da misericórdia de Nosso Senhor? Deus Criador enche-nos de admiração e agradecimento. Deus Redentor comove-nos. Um Deus que fica na eucaristia, feito alimento por amor de nós, enche-nos de ânsias de corresponder. Um Deus que vivifica e dá sentido sobrenatural a todas as nossas ações, instalado no centro da nossa alma em graça, é inefável. Um Deus que perdoa... é uma maravilha! Quem fala contra o sacramento da penitência está a pôr entraves a esse prodígio da misericórdia divina. Tenho observado, meus filhos, que muitos que não conheciam a Cristo, quando sabem que nós, os católicos, temos um Deus que compreende as fraquezas humanas e as perdoa, se sentem abalados e pedem que lhes expliquem a doutrina de Jesus.

Aqueles que procuram evitar que agradeçamos ao Senhor a instituição deste sacramento, se conseguissem o seu propósito, nem que fosse numa pequena parte, destruiriam a espiritualidade da Igreja. Se me perguntardes: Padre, eles dizem coisas novas?, tenho de vos responder: nenhuma, meus filhos. O diabo repete-se uma vez e outra: são sempre as mesmas coisas. O diabo é muito esperto, porque foi anjo e porque é muito velho, mas, ao mesmo tempo, é rematadamente tonto; falta-lhe a ajuda de Deus e não faz senão repetir de modo massacrante as mesmas coisas. Todos os erros que agora se propagam, todos esses modos de mentir e dizer heresias, são velhos, muito velhos, e foram mil vezes condenados pela Igreja.

Aqueles que afirmam não entender a necessidade da confissão oral e secreta, não será porque não querem mostrar a peçonha que trazem dentro de si? Não serão desses que vão ao médico e não querem dizer há quanto tempo estão doentes, quais os sintomas da sua doença, onde lhes dói? São loucos! Essas pessoas precisam de ir a um veterinário, porque são como os animais: não falam.

Sabeis porque acontecem estas coisas na Igreja? Porque há muitos que não praticam o que pregam; ou que ensinam falsidades e, portanto, comportam-se de acordo com o que dizem. Continua a ser necessário aplicar meios ascéticos para levar uma vida cristã; nisto, não houve progresso, nem haverá jamais: «*Iesus Christus, heri et hodie, ipse et in sæcula*!»[6]: Jesus Cristo é o mesmo ontem e hoje, e sê-lo-á sempre. Não se pode alcançar um fim sem utilizar os meios adequados. E, na vida espiritual, os meios foram, são e serão sempre os mesmos: o conhecimento da doutrina cristã, a receção frequente dos sacramentos, a oração, a mortificação, a vida de piedade, a fuga das tentações – e das ocasiões –, e abrir o coração para que a

---

6 Heb 13, 8.

graça de Deus entre até ao fundo e se possa abrir a ferida, cauterizá-la, limpá-la e purificá-la.

A conversa fraterna

91

Estou persuadido de que, neste momento, há muitas almas que se perdem por não se servirem dos meios. Por isso, a confissão faz um grande bem e, além de ser um sacramento instituído por Jesus Cristo, é – até psicologicamente – um remédio colossal para ajudar as almas. Nós, além disso, temos a conversa fraterna com o diretor, que surgiu com espontaneidade, com naturalidade, como brota uma fonte: a água está ali, e não pode deixar de brotar, porque faz parte da nossa vida.

Como foi que nasceu esse costume, nos primeiros anos? Eu era o único sacerdote da Obra, e não queria confessar os vossos irmãos, porque, se os confessasse, ficaria atado de pés e mãos: não poderia dar-lhes qualquer indicação, a não ser na confissão seguinte. Por isso, mandava-os confessar-se com quem quisessem. Eles sofriam muito, porque, quando se acusavam, por exemplo, de ter descuidado o exame ou de outra pequena falta, havia sacerdotes lhes respondiam com brusquidão ou em tom de troça: mas isso não é pecado! E os que eram bons sacerdotes, ou religiosos com bom espírito – o espírito deles –, perguntavam-lhes: o senhor não terá vocação para nós...?

Por isso, os vossos irmãos preferiam contar-me as coisas com simplicidade, com clareza, fora da confissão. Vendo bem, é o que contam entre si os amigos e as amigas, numa reunião, ao redor da mesa de um bar, num baile! Falam assim, com clareza, exagerando até.

É com a mesma simplicidade, pelo menos, que vós deveis falar na conversa fraterna. A Obra é uma mãe, que dá total liberdade aos seus filhos; portanto, nós, os seus filhos, sentimos a necessidade de ser leais. Se alguém não o foi até agora, aconselho-o a abrir o coração e a soltar a coisa, o *sapo* que todos tivemos cá dentro, talvez antes de entrarmos para o Opus Dei. Aconselho isto a todos os meus filhos: deitai cá para fora esse *sapo* gordo e feio. E vereis que paz, que tranquilidade, que bem e que alegria. O Senhor dar-vos-á, no resto da vossa vida, muito mais graça para serdes leais à vossa vocação, à Igreja, ao Romano Pontífice, que tanto amamos, seja ele quem for. Pelo contrário, quem tentasse ocultar uma miséria, grande ou pequena, seria um foco de infeção, para si e para as outras almas. Os defeitos que se ocultam formam charco, e as coisas boas que não se manifestam também: até o remanso de água clara, se não corre, apodrece. Abri o coração com clareza, com brevidade, sem complicações.

92 **Para ser felizes, ser sinceros**

As únicas pessoas infelizes são as que não são sinceras. Não vos deixeis dominar pelo demónio mudo, que às vezes pretende tirar-nos a paz por tolices. Meus filhos, insisto, se algum dia tiverdes a infelicidade de ofender Deus, escutai este conselho do Padre, que só quer que sejais santos, fiéis: recorrei rapidamente à confissão e à conversa com o vosso irmão. Hão de compreender-vos, ajudar-vos, amar-vos mais. Expulsareis o *sapo* e tudo correrá bem daí por diante.

Tudo correrá bem por muitas razões. Em primeiro lugar, porque quem é sincero, é mais humilde. Depois, porque Deus Nosso Senhor premeia essa humildade com a sua graça. Depois ainda, porque esse irmão que te escutou sabe que estás a precisar e sente-se na obrigação de rezar por ti. Pensais que as pessoas que escutam a vossa conversa não vos compreendem? Pois se são feitas da mesma massa! Como é que alguém fica chocado ao ver que um vidro pode quebrar-se, ou que um pote de barro precisa de grampos? Sede sinceros. É a coisa que mais agradeço nos meus filhos, porque dessa maneira tudo se conserta: sempre. Pelo contrário, sentir-se incompreendido, julgar-se vítima, acarreta sempre uma grande soberba espiritual.

O espírito da Obra leva necessariamente à simplicidade, e é por esse caminho que são conduzidas as almas que se aproximam do calor do nosso trabalho. Desde que chegastes à Obra, não fizeram outra coisa senão tratar-vos como às alcachofras: ir tirando as folhas duras de fora, para que o miolo fique limpo. Todos somos um pouco complicados; por isso, às vezes, deixais que uma coisa pequena dê origem a uma montanha que vos esmaga, mesmo que sejais pessoas de talento. Pelo contrário, tende o talento de falar, e os vossos irmãos ajudar-vos-ão a ver que essa preocupação é uma tolice ou tem a sua raiz na soberba.

Não vos esqueçais, além disso, de que dizer uma *verdade* subjetiva, que não corresponde à verdade real, é enganar e enganar-se. Pode-se estar no erro por soberba – repito –, porque esse vício cega, e a pessoa, sem ver, pensa que vê. Mas quem se engana e engana também está equivocado. Chamai as coisas pelo seu nome: ao pão, pão; e ao vinho, vinho. «Seja o vosso falar sim, sim; não, não; porque tudo o que passa daqui procede de mau princípio»[7]. «Achei que», «pensei que» e «é que» são nomes

---

7 Mt 5, 37.

de três diabos tremendos, que não quero ouvir da vossa boca. Não procureis desculpas; tendes a misericórdia de Deus e a compreensão dos vossos irmãos, e basta!

Dizei as coisas sem ambiguidades. Um filho meu que pinte o erro com cores, que deforme um acontecimento, que o adorne com palavras inúteis, não anda bem. Filhas e filhos meus: sabei que, quando alguém comete um disparate, tende a disfarçar esse mau comportamento com razões de todo o tipo – artísticas, intelectuais, científicas, até espirituais! –, e acaba por dizer que os mandamentos parecem ou são *antiquados*. Ao longo destes quarenta e três longos anos, quando algum filho meu se perdeu, foi sempre por falta de sinceridade ou porque o decálogo lhe pareceu antiquado. E que não me venha com outras razões, porque não são verdade.

Nunca tenteis compatibilizar a santidade que a Obra vos exige com um comportamento frouxo. Formai um critério reto, e não esqueçais que, se fordes cada dia mais sinceros, a vossa consciência será cada dia mais delicada, mais exigente. Há coisas com que há uns anos vos conformáveis, e com que já não vos conformais; porque notais o chamamento de Deus, que vos pede maior finura e vos dá a graça necessária para corresponderdes como Ele espera.

93 Deixar-se formar

Filhos da minha alma, viestes ao Opus Dei – deixai que vo-lo recorde uma vez mais – decididos a deixar-vos formar, a preparar-vos para ser a levedura que fará fermentar a grande massa da humanidade. Essa formação, ao mesmo tempo que permite que a vossa personalidade humana melhore, dentro das suas características particulares, proporciona-vos um denominador comum, este espírito de família, que é o mesmo para todos. Para isso – insisto –, deveis estar dispostos a colocar-vos nas mãos dos diretores, e deixar que vos deem forma sobrenatural, como o barro nas mãos do oleiro.

Meus filhos, vede que estamos todos metidos na mesma rede, e a rede dentro da barca, que é o Opus Dei, com um espírito maravilhoso de humildade, de entrega, de trabalho, de amor. Não é bonito que assim seja? Por acaso mereceste-o? Então Deus não te encontrou por aí, na rua, quando ia a passar? Não somos nenhuma *especialidade*, não somos *seletos*; Ele podia ter chamado outros melhores do que nós. Mas escolheu-nos, e recordá-lo não é soberba, mas agradecimento.

Que a nossa resposta seja: deixar-me-ei conhecer melhor, guiar mais, polir, fazer! Que nunca, por soberba, me revolte ao receber uma indicação que é para melhorar a minha vida interior; que não tenha mais apreço pelo meu critério pessoal – que não pode ser certeiro, porque ninguém é bom juiz em causa própria – do que pelo juízo dos diretores; que não me incomode a indicação carinhosa dos meus irmãos, quando me ajudam com a correção fraterna.

Vou terminar, minhas filhas e meus filhos, trazendo à vossa consideração aquele texto da Escritura Santa que põe na nossa boca doçuras de mel e de favo. «*Elegit nos in ipso ante mundi constitutionem, ut essemus sancti et immaculati in conspectu eius*»[8]: o Senhor escolheu-nos, a cada um de nós, para sermos santos na sua presença; e fê-lo antes da criação do mundo, desde toda a eternidade: é assim a maravilhosa providência do nosso Pai

8 Ef 1, 4.

Deus. Se corresponderdes, se lutardes, tereis uma vida feliz, também na Terra, com momentos de escuridão, certamente, com momentos de sofrimento, que, no entanto, não deveis exagerar, porque passam assim que abrimos o coração. Dizei-me: não é verdade que, quando contais o que vos causa preocupação ou vergonha, ficais tranquilos, serenos, alegres?

Além disso, desta maneira, nunca estamos sós. «*Væ solis*»[9]: ai daquele que está só!, diz a Escritura Santa. Nós nunca estamos sós, em nenhuma circunstância. Em qualquer lugar da Terra, os nossos irmãos acolhem-nos com carinho, escutam-nos e compreendem-nos; o Senhor e sua Mãe Santíssima acompanham-nos sempre; e, na nossa alma em graça, habita, como num templo, o Espírito Santo: Deus connosco.

9 Ecle 4, 10.

O licor da sabedoria

(junho de 1972)[1i]

Gosto de comparar a nossa alma a um vaso que 94
Deus Nosso Senhor fez para que nele se pudesse guardar um licor, o licor da sabedoria, que é um dom, uma graça muito grande do Espírito Santo. A sabedoria é, minhas filhas e meus filhos, «um hálito do poder divino e uma emanação pura da glória de Deus omnipotente; por isso, não há nela a menor mancha. É a irradiação da luz eterna, o espelho sem mancha da atuação de Deus, imagem da sua bondade. Embora sendo única, tudo pode; permanecendo a mesma, tudo renova; e derrama-se nas almas santas de geração em geração»[2].

Todos os bens

Admirai a formosura do dom da sabedoria, que o Espírito Santo verte generosamente nos nossos corações

---

1 [i] Este texto, tal como os dois anteriores, é fruto da reunião de material procedente da pregação oral de São Josemaria em 1971 (N. do E.).

2 Sab 7, 25-27.

com a sua graça. É um dom tão maravilhoso que «Deus somente ama aquele que habita com a sabedoria»[3].

Lembrar-vos-ei o que diz a Sagrada Escritura: que, com a sabedoria, nos vêm todos os bens. Por isso, temos de a pedir ao Espírito Santo, para cada um de nós e para todos os cristãos. «Invoquei o Senhor», lê-se no livro inspirado, «e veio a mim o espírito de sabedoria. Preferi-a aos cetros e aos tronos, e, em comparação com ela, considerei a riqueza como nada. Não a comparei às pedras preciosas, porque, ao lado dela, todo o ouro é como um grão de areia, e a prata como o lodo. Amei-a mais que a saúde e a beleza, e antepus à luz a sua posse, porque o resplendor que dela brota é inextinguível. Todos os bens me vieram juntamente com ela, e trouxe-me nas suas mãos uma riqueza incalculável»[4]. Podemos dizer de outra maneira: que, com o espírito do Opus Dei, também vêm todos os bens a uma alma, porque este nosso modo de viver, de olhos postos em Deus, sem procurar o anonimato, sem nos importarmos de que nos vejam ou nos ouçam, procurando trabalhar em consciência, com retidão de intenção, é sabedoria.

Se formos leais à vocação, filhas e filhos meus, este espírito de sabedoria, que o Senhor distribui a mãos cheias entre os que O procuram de coração reto, repousará sobre todos nós. Para sermos verdadeiramente sábios – como vos disse muitas vezes –, não temos de ter uma cultura vasta. Se a tiverdes, é ótimo; mas, se não, é igualmente esplêndido, desde que sejais fiéis, porque recebereis sempre a ajuda do Espírito Santo. Além disso, se assistirdes aos meios de formação que a Obra vos proporciona, se

3 Sab 7, 28.
4 Sab 7, 7-11.

aproveitardes os convívios, os cursos anuais e os retiros, alcançareis uma formação teológica tão profunda como a de qualquer bom sacerdote.

Mas não é necessário possuir uma grande ciência. Há um saber a que só se chega com santidade; e há almas obscuras, ignoradas, profundamente humildes, sacrificadas, santas, que têm um sentido sobrenatural maravilhoso: «Eu Te glorifico, ó Pai, Senhor do Céu e da Terra, porque escondeste estas coisas aos sábios e aos prudentes, e as revelaste aos pequeninos»[5]. Um sentido sobrenatural que, não raramente, está ausente das disquisições arrogantes de pretensos sábios: «*Evanuerunt in cogitationibus suis, et obscuratum est insipiens cor eorum, dicentes enim se esse sapientes stulti facti sunt*»[6]: disparataram nos seus pensamentos, e o seu coração insensato ficou cheio de trevas; e, enquanto se jactavam de ser sábios, acabaram em néscios.

Um tesouro divino em vasos de barro 95

Santidade pessoal: é isto que é importante, minhas filhas e meus filhos, é a única coisa necessária[7]. A sabedoria está em conhecer a Deus e em amá-lo. Lembrar-vos-ei, com São Paulo, para que nunca sejais apanhados de surpresa, que trazemos este tesouro em vasos de barro: «*habemus autem thesaurum istum in vasis fictilibus*»[8], num recipiente tão frágil que se pode partir com facilidade, «*ut sublimitas sit virtutis Dei et non ex nobis*»[9]: para que

5 Mt 11, 25.
6 Rom 1, 21-22.
7 Cf. Lc 10, 42.
8 2Cor 4, 7.
9 *Ibid.*

se reconheça que toda essa formosura e esse poder são de Deus, e não nossos. Diz também a Escritura Santa que «o coração do insensato é como um vaso quebrado, que não retém a sabedoria»[10]. Com isto, o Espírito Santo ensina-nos que não podemos ser crianças nem loucos. Temos de ser fortes, filhos de Deus; entregando-nos ao nosso trabalho, à nossa atividade profissional, com uma presença de Deus contínua, que nos faça viver na perfeição das coisas pequenas. Temos de manter o vaso íntegro, para que esse licor divino não se derrame.

O vaso não se partirá se dirigirmos tudo para Deus, incluindo as nossas paixões. Em si mesmas, as paixões não são boas nem más; compete a cada pessoa dominá-las, e então são boas, nem que seja apenas por esse motivo negativo: «*quia virtus in infirmitate perficitur*»[11] – porque, ao sentirmos essa doença moral, se a vencermos e recuperarmos a saúde, adquirimos maior proximidade de Deus, mais santidade.

Quando algum de vós e eu falamos de vida interior, de proximidade de Deus, há muitas pessoas, muitas – incluindo aquelas que deveriam persuadir as almas a seguir este caminho interior –, que olham para nós como se fôssemos loucos ou comediantes, porque não acreditam de forma nenhuma que se possa alcançar este trato íntimo com o Senhor. Custa-me ter de vos dizer isto, mas é a pura verdade.

Vós sabeis perfeitamente que sim, que se pode e se deve ter essa amizade; que é uma necessidade da nossa alma. Se não tiverdes essa proximidade de Deus, não sereis eficazes nem podereis prestar à Igreja, aos vossos

---

10 Ecli 21, 17.

11 2Cor 12, 9: «a virtude manifesta-se na fraqueza».

irmãos e a todas as almas o grande serviço que o Senhor e a Obra esperam.

Fazei a vossa oração com estas palavras que agora vos digo. Penetrai no vosso coração, com a luz que o Espírito Santo vos dá, para tirar tudo o que possa quebrar o vaso, tudo o que possa roubar-vos a unidade de vida. Deveis ser pessoas – recordo-vo-lo constantemente – que não se surpreendam quando sentem que têm um animal dentro de si.

A fortaleza da humildade 96

Parece-me um sonho – a mim, que já vivi tantas coisas – contemplar a realidade esplêndida do nosso Opus Dei e verificar a lealdade dos meus filhos a Deus, à Igreja e à Obra. É lógico que, de vez em quando, alguém fique pelo caminho. Damos a todos o alimento apropriado, mas, ainda que se tome um alimento dieteticamente muito bem escolhido, nem tudo se assimila. Não quer isto dizer que sejam maus. Esses pobrezinhos voltam mais tarde, de lágrimas nos olhos, mas já não se pode fazer nada.

É uma desgraça que pode acontecer-nos a todos, minhas filhas e meus filhos; a mim também. Enquanto estiver na Terra, também eu sou capaz de fazer uma tolice grande. Com a graça de Deus e as vossas orações, e com algum esforço da minha parte, tal nunca me acontecerá.

Não há ninguém que esteja livre deste perigo. Mas, se falarmos, não acontece nada. Não deixeis de falar quando vos suceder alguma coisa que não gostaríeis que se soubesse. Dizei-o imediatamente. É melhor se for antes; mas se não, que seja depois; mas falai. Não esqueçais que o maior pecado é a soberba. Cega muitíssimo. Há um velho refrão *ascético* que reza assim: «Luxúria oculta, soberba manifesta».

Nunca me cansarei de insistir convosco na importância da humildade, porque o inimigo do amor é sempre a soberba; essa é a pior paixão: é aquele espírito de raciocínio sem razão que lateja no íntimo da nossa alma e que nos diz que somos nós que temos razão e não os outros, coisa que só é verdade por exceção.

Sede humildes, meus filhos. Não com uma humildade de fachada, como a de alguns que costumavam andar encolhidos pela rua. É possível ter uma atitude marcial do corpo e ser muito humilde. Desse modo, tereis uma vontade íntegra, sem fendas; um carácter completo e não fraco; esculpido e não esboçado. E o vaso não se quebrará.

97 **Ser leal**

Sede fiéis, sede leais! Na vida, tereis muitas oportunidades de não ser fiéis e de não ser leais, porque nós não somos plantas de estufa. Estamos expostos ao frio e ao calor, à neve e às tormentas. Somos árvores que às vezes se enchem de pó, porque estão expostas a todos os ventos, mas que ficam limpas, lindas, quando a graça de Deus cai sobre elas como a chuva. Não vos assusteis com nada. Se não fordes soberbos – repito –, seguireis em frente, sempre!

E como fareis bem as coisas, para corresponder ao amor desta bela mãe que é a Obra, para ser leais? É muito fácil, muito fácil. Em primeiro lugar, tendes de ser dóceis, sem protestar, porque não vos conheceis a vós próprios. Eu já fiz setenta anos, e ainda não me conheço bem, quanto mais vós... Por onde andará o vosso conhecimento próprio!

A mim, não me fazem a correção fraterna, mas há dois irmãos vossos[12ii] que me dizem com muita clareza o que lhes parece oportuno, e eu fico-lhes agradecido com toda a minha alma. Praticai a correção fraterna! É um modo delicadíssimo de nos amarmos, se observarmos as condições que foram estabelecidas para não ser incómoda. É incómoda para quem a faz; pelo contrário, quem a recebe deve agradecê-la, como se agradece ao médico que meteu o bisturi numa ferida infetada, para a tratar.

Depois, fazê-la. Disse-vos inúmeras vezes que ninguém perde a sua personalidade quando entra para a Obra; que a diversidade, o são pluralismo, é uma manifestação de bom espírito. Atuai, pois, por vossa conta, que ninguém vo-lo impedirá. O Opus Dei respeita totalmente o modo de ser de cada um dos seus filhos. Nós perdemos a liberdade relativamente, sem a perder, porque nos dá na gana. Essa é a razão mais sobrenatural: porque nos dá na gana, por amor.

Unidade de vida 98

Sede pessoas retas e lutai, procurando conciliar esses dois irmãos que todos trazemos dentro de nós: a inteligência, com a graça de Deus, e a sensualidade. São dois irmãos que estão connosco desde que nascemos, e que nos acompanharão durante todo o arco da nossa vida.

---

12 [ii] Eram D. Álvaro del Portillo e D. Javier Echevarría, que o apoiavam nas suas necessidades espirituais e materiais (N. do E.).

É preciso conseguir que convivam juntos, ainda que se oponham um ao outro, procurando que o irmão superior, a inteligência, arraste consigo o inferior, os sentidos. A nossa alma, pelos ditames da fé e da inteligência, e com a ajuda da graça de Deus, aspira aos dons melhores, ao paraíso, à felicidade eterna. E é também para aí que temos de conduzir o nosso irmão mais novo, a sensualidade, para que goze de Deus no Céu.

Que esta unidade de vida seja o resultado da bondade do Senhor com cada um e com a Obra inteira, e um efeito da vossa luta pessoal. Nunca foi melhor altura para recordar que a paz é uma consequência da guerra, dessa guerra maravilhosa que travamos contra nós mesmos, contra as nossas más inclinações. Uma guerra que é uma guerra de paz, porque procura a paz.

Perdemos a serenidade quando a nossa vida não é dirigida pela inteligência, com a graça divina, mas pelas forças inferiores. Não vos assusteis quando vos achardes monstruosos, com tendência para cometer todo o tipo de atrocidades! Com a ajuda do Senhor, chegaremos ao fim seguros, com essa paz – repito – que é uma consequência da vitória. Um triunfo que não é nosso, porque é Deus quem vence em nós se não levantarmos dificuldades, se fizermos o esforço de estender a nossa mão à mão que se nos oferece do Céu.

Meus filhos, unidade de vida. Luta. Que aquele vaso de que vos falava atrás não se quebre. Que o coração esteja inteiro e seja para Deus. Não nos detenhamos em misérias de orgulho pessoal. Entreguemo-nos de verdade, sigamos em frente, como a pessoa que se encaminha para uma cidade e insiste, um passo após outro, e assim consegue percorrer todo o caminho. Não nos há de faltar a ajuda do nosso Pai Deus.

A maior alegria da minha vida é saber que lutais e que sois leais. Não me importo muito de saber que – nesses pontos que estão longe da muralha principal – caístes de bruços. Já sei que vos levantais e recomeçais com mais empenho. Talvez percamos uma ou outra batalha, mas ganharemos a guerra. E, se formos sinceros, nem as batalhas perdidas se perdem. Antes pelo contrário, cada grampo a mais no nosso barro é como uma condecoração. Por isso, devemos ter a humildade de não os esconder; os vasos de cerâmica consertados com grampos têm, aos olhos de Deus e aos meus olhos, mais graça do que os novos.

Longe dos muros da fortaleza 99

Sabeis o que eu costumo fazer? O que faz um bom general: travo a luta na vanguarda, longe da fortaleza, em pequenas frentes, aqui e acolá. Tenho uma grande devoção a receber a bênção dos outros sacerdotes, e faço dessas bênçãos como que uma muralha que me protege.

Também eu tenho de lutar, e procuro fazê-lo onde me convém: longe, nas coisas que em si não têm muita importância, que nem sequer chegam a ser faltas se não se cumprirem. Cada um deve sustentar a sua peleja pessoal na frente que lhe compete, mas com santa esperteza.

Enquanto estivermos na certeza da fé completa de Cristo e lutarmos, o Senhor dar-nos-á abundantemente a sua graça e continuará a abençoar-nos; com sofrimentos – que tem de haver sempre, mas não os exagereis, porque em geral são pequenos –, com abundantes vocações em todo o mundo, e com o florescer de obras e atividades apostólicas que exigem muito trabalho e muito espírito de sacrifício. Isto sem contar com o aspeto mais bonito da nossa tarefa, que é aquilo que fazem – cada um por sua conta, espontaneamente – as minhas filhas e os meus filhos, cada um no lugar onde está. Porque os filhos de Deus no seu Opus Dei são luz e fogo, e, muitas vezes, labareda. São algo que queima, são levedura que faz fermentar tudo o que têm ao seu redor.

Não nos enchamos de orgulho nem de arrogância, ainda que o contraste com outras pessoas seja evidente. Vamos agradecer tudo ao Senhor, sabendo que nada disso é nosso. É Deus que no-lo dá porque quer, e também nos envia a sua graça, claro resplendor, para lutarmos. E lutemos de tal maneira que, no meio das nossas misérias, imperfeições e erros pessoais, não saiamos do caminho, nunca quebremos o vaso que o Espírito Santo, com a sua misericórdia, quis encher de sabedoria e de bem.

Para terminar, desejo que isto fique bem gravado em vós: uma grande devoção ao Espírito Santo, «espírito de sabedoria e de inteligência, espírito de conselho e de fortaleza, espírito de ciência e de piedade..., espírito de temor de Deus»[13]. E, com essa devoção, a convicção de que – se formos dóceis – seremos seus instrumentos. Não com a docilidade de uma coisa inerte, mas com a docilidade da cabeça e do raciocínio, que sabe submeter a sua irmã, a sensibilidade, para a pôr ao serviço de Deus. Assim, estes nossos dois irmãos terão a mesma herança: ser filhos de Deus já na Terra, e gozar do amor no Céu. O nosso coração nunca será um vaso quebrado, e o licor divino da sabedoria embriagar-nos-á em toda a nossa vida: «porque à luz sucede a noite, mas a maldade não triunfa da sabedoria»[14].

---

13 Is 11, 2-3.
14 Sab 7, 30.

Tempo de ação de graças

(25 de dezembro de 1972)[1i]

«Nasceu-vos hoje na cidade de David o Salvador, 100
que é Cristo, o Senhor»[2]. Minhas filhas e meus filhos, nesta festa de Natal, pusemo-nos de novo diante de Jesus Menino, animados por Maria, sua Mãe e Mãe nossa, e na companhia do glorioso São José, a quem tanto amo. Se consideramos os séculos que passaram desde que Ele quis tomar a nossa carne, temos de nos encher de vergonha porque são muitos os que ainda não conhecem a Cristo e até desprezam os seus preceitos. E isto não acontece só em terras distantes, mas nas poucas nações que se chamam cristãs, e na própria Igreja de Cristo, católica e romana.

Mas o Natal não é um dia de tristeza. «Não temais», disse o anjo aos pastores, «porque vos anuncio uma grande alegria para todo o povo»[3]. Estas maravilhosas festas do Senhor e da nossa Mãe Santa Maria, sempre virgem,

---

1 [i] Este texto foi elaborado por São Josemaria com base em palavras suas pronunciadas em diversos momentos do Natal de 1972 (N. do E.).

2 Lc 2, 11.

3 Lc 2, 10.

constituem para nós uma alegria muito grande. Deveriam sê-lo para todos os cristãos, mas nos últimos tempos, infelizmente, há muitos sítios em que parecem festas pagãs. É o resultado da propaganda de massas destinada a descristianizar a sociedade. Temos de fomentar a paciência, filhos, para não perder a paz; e, ao mesmo tempo, a impaciência de pedir ao Senhor que solucione todos estes males. Por isso, começaremos e acabaremos a nossa oração como sempre: com mais serenidade, com mais otimismo, com um sorriso novo nos lábios, com uma alegria renovada no coração e com um propósito firme de ser cada dia mais santos.

101 Criados para a eternidade

Contudo, filhas e filhos meus, dói-nos muito ver que se promovem, dentro da própria Igreja, campanhas tremendas contra a justiça, que contribuem necessariamente para a falta de paz na sociedade, porque não há paz nas consciências. Enganam-se as almas: fala-se-lhes de uma libertação que não é a de Cristo; ignoram-se os ensinamentos de Jesus, o seu Sermão da Montanha, essas bem-aventuranças que são um poema do amor divino; busca-se uma felicidade apenas terrena, que não é possível alcançar neste mundo.

Meus filhos, a alma foi criada para a eternidade. Aqui, estamos apenas de passagem. Não alimenteis ilusões: a dor será uma companheira inseparável da viagem. Quem se empenha exclusivamente em não sofrer, fracassará; e talvez não obtenha outro resultado senão tornar mais aguda a amargura própria e a alheia. Ninguém gosta de que os outros sofram, e é um dever de caridade esforçar-se o mais possível por aliviar os males do próximo.

O cristão, porém, tem de ter o atrevimento de afirmar que a dor é uma fonte de bênçãos, de bem, de fortaleza; que é uma prova do amor de Deus; que é um fogo que nos purifica e prepara para a felicidade eterna. Não foi esse o sinal que o anjo nos indicou para encontrarmos Jesus? «Isto vos servirá de sinal: encontrareis um Menino envolto em panos e deitado numa manjedoura»[4].

Quando se aceita o sofrimento como o Senhor o aceitou em Belém e na cruz, e se compreende que é uma manifestação da bondade de Deus, da sua vontade salvífica e soberana, então ele nem sequer é uma cruz; quando muito, é a cruz de Cristo, que não é pesada, porque é Ele próprio que a carrega. «Quem não toma a sua cruz para Me seguir não é digno de Mim»[5]. Hoje, porém, essas palavras foram esquecidas, e há «muitos neste mundo, como vos disse muitas vezes – e repito-o agora com lágrimas –, que procedem como inimigos da cruz de Cristo»[6], organizando campanhas horrendas contra a sua pessoa, a sua doutrina e os seus sacramentos. Há muitos que desejam mudar a razão de ser da Igreja, reduzindo-a a uma instituição de fins temporais, antropocêntrica, com o homem como soberbo pináculo de todas as coisas.

O Natal recorda-nos que o Senhor é o princípio, o fim e o centro da criação: «No princípio era o Verbo, e o Verbo estava em Deus, e o Verbo era Deus»[7]. É Cristo, minhas filhas e meus filhos, que atrai a Si todas as criaturas: «Por Ele foram criadas todas as coisas, e sem Ele não foi feita coisa alguma de todas quantas fo-

---

4 Lc 2, 12.
5 Mt 10, 38.
6 Fil 3, 18.
7 Jo 1, 1.

ram feitas»[8]. E, ao encarnar, vindo viver entre nós[9], demonstrou-nos que não estamos nesta vida para procurar uma felicidade temporal e passageira, mas para alcançar a bem-aventurança eterna, seguindo os seus passos. E só chegaremos lá aprendendo dele.

A Igreja foi sempre teocêntrica. A sua missão é conseguir que todas as coisas criadas tendam para Deus como fim, por meio de Jesus Cristo, «cabeça do corpo da Igreja [...], para que em tudo tenha Ele a primazia; pois aprouve ao Pai fazer habitar nele a plenitude de todos os seres, e por Ele reconciliar todas as coisas consigo, restabelecendo a paz entre o Céu e a Terra por meio do sangue que Ele derramou na cruz»[10]. Entronizemo-lo, pois, não só no nosso coração e nas nossas ações, mas também – com o desejo e com o trabalho apostólico – no cume de todas as atividades dos homens.

102 Deus e Homem verdadeiro

Não vos comove contemplar Jesus Cristo recém-nascido, inerme, necessitado da nossa proteção e ajuda? Não vedes que implora que O amemos? Estes pensamentos não são ilusões tolas, mas uma prova de que amamos a Jesus com todo o coração, e de que Lhe agradecemos que tenha decidido tomar a nossa carne, assumi-la. Deus não Se vestiu de homem; Deus encarnou: «*perfectus Deus, perfectus Homo*»![11]

---

8 Jo 1, 3.

9 Cf. Jo 1, 14.

10 Col 1, 18-20.

11 Passagem do Símbolo Atanasiano: «perfeito Deus, perfeito Homem».

Há muitos anos, mandei colocar na cabeceira da minha cama uns azulejos com a legenda «*Iesus Christus, Deus Homo*»: Jesus Cristo, Deus e Homem. Porque me comove saber que Ele tem um corpo, agora glorioso, mas que é de carne como a nossa. Que o Senhor padeceu todas as misérias e dores humanas, menos o pecado[12]. Que passou fome e sentiu sede; que conheceu o calor, como naquele dia junto ao poço de Sicar, e que teve frio nesta noite de Belém. Tudo isso nos enamora, a vós e a mim, levando-nos a deixar todas as coisas: «*relictis omnibus*»[13], como os apóstolos, e a fazê-lo «*festinantes*»[14] – pressurosos –, como os pastores. Temos de empreender o caminho, minhas filhas e meus filhos, e de imitar este Jesus nosso que Se entregou e continua a entregar-Se quotidianamente no altar, perpetuando o sacrifício divino do Calvário.

Jesus Cristo, «como permanece eternamente, possui o sacerdócio eterno»[15]. A sua mediação sacerdotal atualiza-se por meio dos sacerdotes, que somos *ipse Christus* no altar. Ao celebrar a Santa Missa, eu não presido a uma assembleia, mas renovo o sacrifício da cruz *in persona Christi*[16].

O que podemos aprender de Jesus Cristo no presépio de Belém, onde nasceu desamparado? O que podemos considerar nesse outro presépio que é o tabernáculo, onde Ele nos espera, ainda mais indefeso? Não vos dói que O coloquem a um canto, que – também fisicamente – Lhe virem as costas, O desprezem e O maltratem? Mi-

12 Cf. Heb 4, 15.
13 Lc 5, 11.
14 Lc 2, 16.
15 Heb 7, 24.
16 Na pessoa de Cristo.

nhas filhas e meus filhos, repetir-vos-ei o que já vos recordei noutras ocasiões, o que os cristãos viveram durante muitos séculos: Jesus Cristo, Senhor Nosso, quis contar convosco e comigo para corredimir; quer servir-Se da vossa inteligência e do vosso coração, da vossa palavra e dos vossos braços. Cristo inerme traz-nos à memória que a Redenção também depende de nós.

103 Uma humildade sem caricaturas

«Vamos até Belém ver o que lá aconteceu e o que o Senhor nos manifestou»[17]. Chegámos, filhos, em bom momento, porque esta é uma noite muito má para as almas. Uma noite na qual as grandes luminárias, que deviam irradiar luz, difundem trevas; em que os que deviam ser sal para impedir a corrupção do mundo estão insípidos e, por vezes, publicamente podres.

Não é possível deixar de sofrer ao considerar estas calamidades. Estou certo, porém, filhas e filhos de minha alma, de que, com a ajuda de Deus, saberemos tirar delas abundante proveito e paz fecunda. Porque insistiremos na oração e na penitência. Porque crescerá em nós a certeza de que tudo se resolverá. Porque alimentaremos o propósito de corresponder fielmente, com a docilidade dos bons instrumentos. Porque aprenderemos, neste Natal, a não nos afastarmos do caminho que o Senhor nos indica em Belém: o caminho da humildade verdadeira, sem caricaturas. Ser humilde não é andar sujo nem desleixado, nem ser indiferente ao que acontece à nossa volta, num contínuo abandono de direitos. Muito

17 Lc 2, 15.

menos é apregoar coisas tolas contra si mesmo. Onde há comédia e hipocrisia não pode haver humildade, porque a humildade é a verdade.

Sem o nosso consentimento, sem a nossa vontade, Deus Nosso Senhor não poderá santificar-nos nem salvar-nos, apesar da sua bondade sem limites. Mais ainda: sem Ele, não faremos nada de proveito. Da mesma forma que se diz que um campo produziu isto, e que aquelas terras produziram aquilo, também se pode afirmar de uma alma que é santa, e de outra que realizou umas quantas obras boas. Mas, na verdade, ninguém é bom senão Deus[18]; é Ele que torna fértil o campo, que dá à semente a possibilidade de se multiplicar, que confere a uma estaca que parece seca o poder de lançar raízes. Foi Ele que abençoou a natureza humana com a sua graça, permitindo-lhe comportar-se cristãmente, viver de modo a sermos felizes, lutando na expectativa da vida futura, que é a felicidade e o amor para sempre. Humildade, filhos, é saber que «nem o que planta é alguma coisa, nem o que rega, mas só Deus, que é quem dá o incremento»[19].

Que nos ensina o Senhor de todas as coisas, o Dono do Universo? Nestes dias de Natal, as canções natalícias de todos os países, tenham ou não muita tradição cristã, cantam ao Rei dos reis que chegou. E que manifestações tem a sua realeza? Uma manjedoura! Não tem sequer os detalhes com que rodeamos Jesus Menino de amor nos nossos oratórios. Em Belém, o nosso Criador não tem nada, tanta é a sua humildade!

Assim como os alimentos são condimentados com sal para não ficarem insípidos, assim também temos de pôr

---

18 Lc 18, 19.
19 1Cor 3, 7.

sempre humildade na nossa vida. Filhas e filhos meus – a comparação não é minha, é usada pelos autores espirituais há mais de quatro séculos –, não façais como as galinhas que, mal põem um ovo, atroam os ares com os seus cacarejos. É preciso trabalhar, é preciso fazer o trabalho, intelectual ou manual, mas sempre apostólico, com grandes intenções e grandes desejos – que o Senhor transforma em realidades – de servir Deus e passar desapercebido.

Filhos, assim vamos aprendendo de Jesus, nosso Mestre, a contemplá-lo recém-nascido nos braços de sua Mãe, sob o olhar protetor de José, um homem tão de Deus que foi escolhido pelo Senhor para Lhe fazer as vezes de pai na Terra. Ele defende a vida do recém-nascido com o seu olhar, com o seu trabalho, com os seus braços, com o seu esforço, com os seus meios humanos.

Vós e eu – nestes momentos em que crucificam Jesus Cristo de novo tantas vezes, nestas circunstâncias em que parece que os povos da antiga cristandade estão a perder a fé, desde o vértice até a base, como dizem alguns –, vós e eu devemos empenhar-nos muito em nos parecermos com José, na sua humildade e também na sua eficácia. Não vos enche de alegria pensar que podemos como que *proteger* Nosso Senhor, o nosso Deus?

104 **Sempre em ação de graças**

Estou certo de que o Espírito Santo vos concederá algumas vezes, como penhor do prémio que vos reserva pela vossa lealdade, a graça de ver que estais a dar bom fruto. Nessas ocasiões, dizei: Senhor, sim, é verdade, Tu conseguiste que, apesar das minhas misérias, o fruto tivesse crescido no meio de tanto deserto. Obrigado, *Deo gratias*!

Noutros momentos, porém, talvez o demónio – que nunca faz férias – vos tente, levando-vos a atribuir-vos méritos que não são vossos. Quando perceberdes que os pensamentos e os desejos, as palavras, as ações e o trabalho se enchem de uma complacência vã, de um orgulho néscio, respondei ao demónio: sim, tenho fruto, *Deo gratias*!

Por isso, este ano é especialmente um tempo de ação de graças, como indiquei às minhas filhas e aos meus filhos com umas palavras tomadas da liturgia: «*Ut in gratiarum semper actione maneamus*»[20]: que estejamos sempre numa contínua ação de graças a Deus por tudo, pelo que parece bom e pelo que parece mau, pelo que é doce e pelo que é amargo, pelo branco e pelo negro, pelo pequeno e pelo grande, pelo pouco e pelo muito, pelo que é temporal e pelo que tem alcance eterno. Demos graças a Nosso Senhor por tudo o que se passou neste ano, incluindo, de certo modo, as nossas infidelidades, porque as reconhecemos e nos levaram a pedir perdão, e a concretizar o propósito – que fará muito bem às nossas almas – de nunca mais sermos infiéis.

Não devemos albergar outro desejo senão o de estarmos pendentes de Deus, em constante louvor e glória ao seu nome, ajudando-O no seu divino labor de Redenção. Então, o nosso afã será dar a conhecer Jesus Cristo e, por Ele, o Pai e o Espírito Santo; sabendo que chegamos até Jesus por meio de Maria e do trato com São José e com os nossos santos anjos da guarda.

Como vos escrevi há muitos anos, até os frutos maus, os ramos secos, as folhas caídas, quando se enterram ao pé do tronco, podem revigorar a árvore da qual se des-

---

20 Missal Romano, Domingo depois da Oitava da Ascensão, oração depois da comunhão.

prenderam. Porque foi que os nossos erros e equívocos, numa palavra, os nossos pecados – que não desejamos, que abominamos –, nos fizeram bem? Porque a seguir veio a contrição, enchemo-nos de vergonha e de desejos de ser melhores, colaborando com a graça do Senhor. Pela humildade, o que era morte converte-se em vida; o que ia produzir esterilidade e fracasso torna-se triunfo e abundância de frutos.

Todos os dias, no ofertório da missa, quando ofereço a hóstia santa, ponho na patena todas as minhas filhas e os meus filhos que estão doentes ou atribulados. Incluo as falsas preocupações, as que por vezes procurais porque vos dá na veneta; para que pelo menos o Senhor vos tire da cabeça essas tolices.

«Quando os anjos voltaram para o Céu, os pastores [...] foram a toda a pressa e encontraram Maria, José e o Menino reclinado na manjedoura»[21]. Quando nos aproximamos do Filho de Deus, convencemo-nos de que somos uns pigmeus ao lado de um gigante. Sentimo-nos pequeníssimos, humilhados, e ao mesmo tempo repletos de amor a Deus Nosso Senhor, que, sendo tão grande, tão imenso e infinito, fez de nós seus filhos. E sentimo-nos impelidos a dar-Lhe graças, este ano, durante a vida inteira e pela eternidade. Que bem soam as estrofes do prefácio em canto gregoriano: «*Vere dignum et iustum est, æquum et salutare, nos tibi semper, et ubique gratias agere*»[22]! Nós somos pequenos, pequenos; e Ele é o nosso Pai omnipotente e eterno.

---

21 Lc 2, 15-16.

22 Missal Romano, Ordinário da Missa, prefácio: «É verdadeiramente nosso dever, é nossa salvação, dar-Vos graças sempre e em toda a parte».

Os frutos da humildade 105

Não vos esqueçais, filhas e filhos meus, de que a humildade é uma virtude tão importante que, se ela faltasse, não haveria mais nenhuma. Na vida interior – torno a dizer-vos –, é como o sal, que condimenta todos os alimentos. Porque, mesmo que um ato pareça virtuoso, não o será se for consequência da soberba, da vaidade, da tolice; se o fizermos pensando em nós, antepondo-nos ao serviço de Deus, ao bem das almas, à glória do Pai, do Filho e do Espírito Santo.

Quando a atenção se centra no nosso eu, quando nos entretemos a pensar se nos vão louvar ou se nos vão criticar, causamos um mal muito grande a nós próprios. Só Deus deve interessar-nos; e, por Ele, todos os que pertencemos ao Opus Dei, e todas as almas do mundo, sem exceção. De modo que... fora com o eu, que é um estorvo!

Se agirdes assim, filhas e filhos, quantos inconvenientes desaparecerão, quantos maus bocados evitaremos! Se alguma vez passais um mau bocado, e percebeis que a alma se vos enche de inquietação, é porque estais preocupados convosco próprios. O Senhor veio redimir, veio salvar, e só Se preocupou com isso. E nós havemos de estar preocupados em fomentar a soberba?

Se tu, meu filho, te centras em ti, não só tomas um mau caminho, mas perdes a felicidade cristã nesta vida, esse júbilo e essa alegria que não são completos, porque a felicidade só será plena no Céu.

Li num velho livro espiritual que as árvores de ramos muito altos e eretos são infrutíferas. Pelo contrário, aquelas que têm ramos baixos, caídos, estão cheias de frutos maciços, de polpa saborosa; e, quanto mais perto do chão, mais abundante é o fruto. Filhos, pedi a humildade, que é uma virtude tão valiosa. Porque somos tolos? Sempre convencidos de que as nossas coisas são melhores, sempre seguros de que temos razão. Assim como a água embebe o torrão de açúcar, assim se metem na alma a vaidade e o orgulho. Se quereis ser felizes, sede humildes; rejeitai as insinuações mentirosas do demónio, quando vos sugerir que sois admiráveis. Vós e eu já compreendemos que, infelizmente, somos muito pouca coisa; mas, quando contamos com Deus Nosso Senhor, outro galo canta. Devemos-Lhe tudo. Renovemos, pois, o nosso agradecimento: «*ut in gratiarum semper actione maneamus*»!

A ação de graças, filhas e filhos meus, nasce de um orgulho santo, que não destrói a humildade nem enche a alma de soberba, porque se baseia unicamente no poder de Deus, e é feito de amor, de segurança na luta. Agora que começa o ano, e se renovam os propósitos de caminhar «*in novitate vitæ*»: com uma vida nova, podemos já dar graças ao Senhor por tudo o que virá; por tudo e especialmente por aquilo que continuará a fazer-nos sofrer.

Como se trabalha a pedra que se vai colocar na fachada de um edifício, a coroar o arco? Necessita de um tratamento diferente da que vai ser colocada nos alicerces. Tem de ser bem lavrada, com muitos golpes de cinzel, até ficar primorosamente acabada. Portanto, meus filhos, devemos agradecer ao Senhor todas as contrariedades pessoais, todas as humilhações, tudo aquilo que as pessoas consideram mau e que não é verdade que o seja. Para um filho de Deus, será uma prova do amor divino, que talvez queira pôr-nos bem à vista, e por isso nos esculpe com golpes seguros e certeiros. Nós temos de colaborar com Ele, pelo menos não opondo resistência, *deixando-O trabalhar*.

Daqui se deduz que a maior parte do nosso trabalho espiritual é rebaixar o nosso eu, para que o Senhor acrescente o que desejar com a sua graça. Enquanto durar o tempo da nossa vida, muito ou pouco, não nos queixaremos do nosso Pai Deus, mesmo que nos sintamos como que à beira de um abismo de imundice, ou de vaidade, ou de estultícia. É por isso que insisto tanto na humildade pessoal. Porque é uma bela virtude para as filhas e os filhos de Deus no Opus Dei.

Quem é humilde não sabe que é, e julga-se soberbo. E quem é soberbo, vaidoso, néscio, considera-se excelente. Terá pouco conserto, enquanto não se desmoronar e se vir no chão, e mesmo assim poderá continuar a dar-se ares de grandeza. Também por isso, precisamos da direção espiritual. Quem nos vê de longe, contempla bem o que somos; quando muito, pedras para utilizar em baixo, nos alicerces, e não a que será colocada na chave do arco.

Humildade agradecida 106

Espero que, neste Natal, todas as minhas filhas e os meus filhos se firmem na decisão de ser mais humildes. Eu conheço-vos, e parece-me notar já a vossa alegria ao admitir sinceramente que não conseguistes os frutos que deveríeis render. Porque assim decidireis aproximar-vos, envergonhados de verdade, da gruta de Belém, e pedireis perdão ao Menino por vós e por mim, e por tantas pessoas que são como a figueira estéril, carregadas de folhas, de aparência. E, se o Senhor vos permitir ver que deseja servir-Se de vós, que já está a servir-Se há vários anos, ou mesmo há muito tempo, então, «*in gratiarum semper actione maneamus*»! Rompei em ações de graças a Deus Nosso Senhor, porque vos escolheu como instrumentos. Mas dai-Lhe graças sinceramente, porque senão sereis uma árvore frondosa, a abarrotar de folhas e talvez de frutos, mas de frutos vãos, vazios, sem peso, porque não vergam os ramos. Os frutos maduros, transbordantes de polpa carnuda, doce e grata ao paladar, conseguem abaixar os ramos da árvore com humildade.

Aproximemo-nos de Belém e do sacrário com ações de graças e o propósito de sermos mais humildes. Jesus espera-nos. Dizei-Lhe palavras de afeto. Contai-Lhe as vossas fraquezas – eu conto-Lhe as minhas – e, sem cacarejar, reconheçamos algumas vezes que sim, que levámos a cabo este trabalho e aquele, que nos esforçámos com muita alegria e com a sua graça, que Ele nos manda através das mãos de sua Santíssima Mãe, que também é nossa Mãe, porque sem a sua ajuda não fazemos nada.

Esta é a disposição mínima de quem trabalha com almas: o instrumento nunca fica com os frutos. Se há algo saboroso na nossa vida, se há algo que agrada ao Senhor, se há algo que consegue que outras almas se salvem e que nós percorramos um caminho de amor, devemo-lo a Deus, a este Senhor que quis fazer-Se Menino.

Mais umas palavras, para terminar: continuai a rezar muito pela Igreja! Amai a Igreja e o Papa com toda a alma. Uni-vos cada vez mais fortemente às intenções da minha missa, para que todos, em união com Maria, sob o patrocínio de São José, vivamos numa contínua ação de graças à Santíssima Trindade, Pai, Filho e Espírito Santo.

A alegria de servir Deus

(25 de dezembro de 1973)[1i]

«Hoje brilhará uma luz sobre nós, porque nos nasceu o Senhor; e será chamado Conselheiro Admirável, Deus Forte, Príncipe da Paz, Pai eterno»[2]. 107

Fomo-nos preparando, filhas e filhos queridíssimos, para a solenidade deste dia, procurando construir com o coração um presépio para o nosso Deus. Lembrais-vos de quando éreis crianças? Com que entusiasmo montávamos o presépio, com as montanhas de musgo, as casas minúsculas e muitas figurinhas ao redor da manjedoura onde Deus quis nascer! Eu bem sei que, à medida que o tempo vai passando, e uma vez que o Opus Dei é para cristãos adultos que, por amor de Deus, sabem fazer-se crianças, as minhas filhas e os meus filhos vão sendo cada dia mais pequenos. Foi, pois, com mais entusiasmo que nos anos da nossa infância que preparámos o presépio de Belém na intimidade da nossa alma.

---

1 [i] Este texto também é fruto de uma reelaboração de São Josemaria, desta vez a partir do que tinha dito em duas tertúlias do Natal de 1973 (N. do E.).

2 Is 9, 2.6.

108 Ânsias de contemplar a Jesus

«*Dies sanctificatus illuxit nobis*: Santo é o dia que nos trouxe a luz. Vinde adorar o Senhor. Hoje, uma grande luz desceu sobre a Terra»[3]. Gostaríamos que O tratassem muito bem em toda a parte, que O recebessem com carinho no mundo inteiro. E teremos procurado preencher o silêncio indiferente dos que não O conhecem ou não O amam cantando músicas de Natal, essas canções populares que pequenos e grandes cantam em todos os países de antiga tradição cristã. Já reparastes que todas falam de ir ver, contemplar o Menino Deus? Como os pastores, naquela noite venturosa: «Foram com grande pressa e encontraram Maria, José e o Menino reclinado na manjedoura»[4].

É compreensível. As pessoas que se amam procuram ver-se. Os apaixonados só têm olhos para o seu amor. Não é lógico que seja assim? O coração humano sente esses imperativos. Mentiria se negasse que me impele a ânsia de contemplar a face de Jesus Cristo. «*Vultum tuum, Domine, requiram*»[5]: procurarei, Senhor, o teu rosto. Encanta-me fechar os olhos e pensar que chegará o momento, quando Deus quiser, em que poderei vê-lo, não «como num espelho e sob imagens obscuras [...], mas cara a cara»[6]. Sim, filhos, «o meu coração está sedento de Deus, do Deus vivo. Quando irei e contemplarei a face de Deus?»[7].

---

3 Lecionário Romano, Solenidade do Natal do Senhor, Missa do dia, Aleluia.

4 Lc 2, 16.

5 Sl 26, 8.

6 1Cor 13, 12.

7 Sl 41, 3.

Filhas e filhos da minha alma: vê-lo, contemplá-lo, conversar com Ele. Podemos fazê-lo já agora, estamos a procurar vivê-lo, é parte da nossa existência. Quando definimos como contemplativa a vocação para a Obra, é porque procuramos ver a Deus em todas as coisas da Terra: nas pessoas, nos acontecimentos, no que é grande e no que parece pequeno, no que nos agrada e no que se considera doloroso. Meus filhos, renovai o propósito de viver sempre na presença de Deus. Mas cada um a seu modo. Eu não devo ditar-vos a vossa oração; posso, com uma certa desvergonha, mostrar-vos alguma coisa do meu trato com Jesus Cristo.

Falo agora, filhos queridíssimos, com um pouco de orgulho: sou o mais velho do Opus Dei! Por isso, preciso que peçais por mim, que me ajudeis especialmente nestes dias em que o Menino Deus escuta todas as minhas filhas e os meus filhos, que são crianças, almas rijas, fortes, com paixões – como eu – que sabem dominar com a graça do Senhor. Pedi por mim, para que seja fiel, para que seja bom, para que saiba amá-lo e fazê-lo amar.

Com Maria e com José 109

«Pelo mistério do Verbo encarnado, nova luz da vossa glória brilhou sobre nós, para que, contemplando a Deus visível aos nossos olhos, aprendamos a amar o que é invisível»[8]. Que todos O contemplemos com amor. Na minha terra diz-se às vezes: olha como o contempla! Referem-se a uma mãe com o filho nos braços, a um noivo que contempla a sua noiva, à mulher que vela à cabeceira

8 Missal Romano, Prefácio do Natal I.

do marido, a um afeto humano nobre e limpo. Pois bem, vamos contemplá-lo assim, revivendo a vinda do Salvador. E comecemos por sua Mãe, sempre Virgem, limpíssima, sentindo necessidade de a louvar e de lhe repetir que a amamos, porque nunca aqueles que deveriam defender e bendizer a Mãe de Deus propagaram tantos despropósitos e tantos horrores contra ela.

A Igreja é pura, limpa, sem mancha; é a Esposa de Cristo. Mas há alguns que, em seu nome, escandalizam o povo; e enganaram muitos que, noutras circunstâncias, teriam sido fiéis. Este Menino desamparado lança-vos os braços ao pescoço, para que O aperteis contra o coração e Lhe ofereçais o propósito firme de reparar, com serenidade, com fortaleza, com alegria.

Não vo-lo tenho ocultado: nos últimos dez anos, todos os sacramentos foram atacados, um por um. De modo particular o sacramento da penitência. De maneira mais malvada, o santíssimo sacramento do altar, o sacrifício da Missa. O coração de cada um de vós deve vibrar e, com essa sacudidela do sangue, desagravar o Senhor como saberíeis consolar a vossa mãe, uma pessoa a quem amásseis com ternura. «Não vos inquieteis com nada, mas em todas as circunstâncias manifestai a Deus as vossas necessidades por meio de orações e súplicas, unidas às ações de graças. E a paz de Deus, que está acima de todo o entendimento, guarde os vossos corações e os vossos pensamentos em Cristo Jesus»[9].

Tendo começado por louvar e desagravar Santa Maria, manifestaremos a seguir ao patriarca São José que o amamos. Eu chamo-lhe meu Pai e Senhor, e amo-o mui-

---

9 Fil 4, 6-7.

to, muito. Também vós deveis amá-lo muito; caso contrário, não seríeis bons filhos meus. Foi um homem jovem, limpíssimo, cheio de firmeza, a quem o próprio Deus escolheu como guardião, seu e de sua Mãe.

Deste modo metemo-nos no presépio de Belém: com José, com Maria, com Jesus. «Então, o teu coração palpitará e dilatar-se-á»[10]. Na intimidade desse trato familiar, dirijo-me a São José e apoio-me do seu braço poderoso, forte, de trabalhador, que tem o atrativo daquilo que é limpo, reto, daquilo que – sendo muito humano – está divinizado. Apoiado no seu braço, peço-lhe que me leve a sua Esposa Santíssima, sem mácula, Santa Maria. Porque é minha Mãe, e tenho esse direito. E pronto. Depois, os dois levam-me a Jesus.

Minhas filhas e meus filhos, isto não é uma comédia. É o que fazemos muitas vezes na vida, quando começamos a relacionar-nos com uma família. É o modo humano, levado ao divino, de conhecer o lar de Nazaré e de nos metermos dentro dele.

Um relacionamento piedoso com o Senhor 110

Padre, dir-me-eis, mas o Padre recebe a Deus sacramentalmente todos os dias; todas as manhãs O traz ao altar com as suas mãos. Sim, meus filhos: estas minhas mãos manchadas são diariamente um trono para Deus. O que é que Lhe digo nessa altura? Ao calor do trato com a *trindade* da Terra, Jesus, Maria e José, não tenho inconveniente em vos abrir o coração. Nesses momentos, invoco o meu arcanjo ministerial e o meu anjo da

10 Is 15, 5.

guarda, e digo-lhes: sede testemunhas de que quero louvar o meu Deus. E prostro-me por terra com o desejo, e adoro a Jesus Cristo. Repito-Lhe que O amo, e depois encho-me de vergonha, pensando: como posso assegurar que Lhe quero bem, se O ofendi tantas vezes? A minha reação não é pensar que minto, porque não é verdade. Continuo a minha oração: Senhor, quero desagravar-Te pelo que Te ofendi e pelo que Te ofenderam todas as almas. Repararei com a única coisa que posso oferecer-Te: os méritos infinitos do teu nascimento, da tua vida, da tua Paixão, da tua morte e da tua ressurreição gloriosa; os de tua Mãe, os de São José; as virtudes dos santos, e as fraquezas dos meus filhos e as minhas, que refletem a luz celestial – como jóias – quando detestamos com todas as forças da nossa alma o pecado mortal e o pecado venial deliberado.

Já com o Senhor Jesus no meu coração, sinto a necessidade de fazer um ato de fé explícita: creio, Senhor, que és Tu; creio que estás real e verdadeiramente presente, oculto sob as espécies sacramentais, com o teu corpo, com o teu sangue, com a tua alma e com a tua divindade. E a seguir vêm as ações de graças. Filhas e filhos da minha alma: ao tratardes com Jesus, não tenhais vergonha, não contenhais o afeto. O coração é louco, e estas loucuras de amor ao divino fazem muito bem, porque desembocam em propósitos concretos de melhora, de reforma, de purificação na vida pessoal. Se não fosse assim, não serviriam para nada.

Tendes de vos enamorar da humanidade santíssima de Jesus Cristo. Mas, para chegar à oração afetiva, convém passar primeiro pela meditação, lendo o Evangelho ou outro texto que vos ajude a fechar os olhos e, com a imaginação e o entendimento, entrar com os apóstolos na vida de Nosso Senhor. Deste modo, tirareis muito proveito. Pode ser que, de vez em quando, Ele Se aposse de vós, e quase nem tenhais tempo para terminar a oração preparatória: o diálogo ou a contemplação vêm por si. «Enquanto as trevas cobriam a Terra, e os povos jaziam na escuridão, sobre ti nasceu o Senhor, e em ti resplandeceu a sua glória»[11].

Quando estiverdes diante do nosso Redentor, dizei-Lhe: adoro-Te, Senhor; peço-Te perdão; limpa-me, purifica-me, inflama-me, ensina-me a amar. Se não vivêssemos assim, que seria de nós? Filhos, estou a tentar encaminhar-vos por uma senda que possais seguir. Não tem de ser idêntica à minha. Eu dou-vos um pouquinho de lume, para que cada um prepare pessoalmente a sua lâmpada[12] e a faça brilhar ao serviço de Deus. O que vos aconselho – repito – é muita leitura dos Santos Evangelhos, que vos permita conhecer a Jesus Cristo – «*perfectus Deus, perfectus Homo*»[13] –, relacionar-vos com Ele e enamorar-vos da sua humanidade santíssima, vivendo com Ele como viveram Maria e José, como viveram os apóstolos e as santas mulheres.

«Uma só coisa peço ao Senhor, e por ela anseio: viver na casa do meu Deus todos os dias da minha vida»[14]. Que pediremos então a Jesus? Que nos leve ao Pai. Ele próprio disse: «Ninguém vai ao Pai senão por Mim»[15]. Com o Pai e o Filho, invocaremos o Espírito Santo e

---

11 Is 60, 2.

12 Cf. Mt 25, 7.

13 Passagem do Símbolo Atanasiano: «perfeito Deus, perfeito Homem».

14 Sl 26, 4.

15 Jo 14, 16.

estaremos em relação com a Santíssima Trindade; e assim, por meio de Jesus, Maria e José, a *trindade* da Terra, cada um encontrará o seu modo próprio de ir até ao Pai, ao Filho e ao Espírito Santo, a Trindade do Céu. Tomaremos assento – com a graça de Deus e se quisermos – no mais alto do Céu e na baixeza humilde do presépio, na miséria e na maior indigência. Não espereis outra coisa no Opus Dei, meus filhos; este é o nosso caminho. Se o Senhor vos exaltar, também vos humilhará; e as humilhações, quando se aceitam por amor, são saborosas e doces, são uma bênção de Deus.

111 Alegrar-se no Senhor

Fomos procurando viver o ano que passou segundo aquele propósito: *Ut in gratiarum semper actione maneamus*! Sem abandonar as ações de graças, peço-vos agora, filhas e filhos meus: «*Servite Domino in lætitia*»[16]: Servi o Senhor com alegria. «*Gaudete in Domino semper*! *Iterum dico, gaudete*»[17]: Alegrai-vos sempre no Senhor! Outra vez vos digo, alegrai-vos. Apesar de todos os nossos erros pessoais; apesar das dificuldades por que passa a sociedade civil, e mais ainda a sociedade eclesiástica; apesar das muitas barbaridades que já conhecemos e que nos fazem sofrer muito, estai alegres sempre, mas especialmente nestes tempos. A humanidade não pode perder-se, porque foi resgatada pelo sangue precioso de Nosso Senhor Jesus Cristo[18]; Ele não regateia uma única gota desse sangue,

16 Sl 99, 2.
17 Fil 4, 4.
18 Cf. 1Ped 1, 19.

meus filhos. Talvez haja muitos que se perdem e poderiam ter-se salvado; mas tudo se arranjará. O nosso Deus é «o Pai das misericórdias, o Deus de toda a consolação»[19], e «pode fazer infinitamente mais do que tudo o que nós pedimos ou pensamos, segundo o poder que atua em nós»[20]. Jesus Cristo não pode fracassar, não fracassou. A redenção está a fazer-se também agora, o poder divino não diminuiu.

Gaudete in Domino semper! Não vos preocupeis, aconteça o que acontecer no mundo, suceda o que suceder na Igreja. Mas tratai de fazer todo o bem que puderdes, defendendo a formosura e a realidade da nossa fé católica, sempre alegres. E o que devemos fazer para estar contentes? Dar-vos-ei a minha experiência pessoal: primeiro, saber perdoar. Desculpar sempre, porque o que tira a paz é a mesquinhez da soberba. Não penses mais nisso: perdoa; o que te fizeram não é uma injustiça: esquece. E depois, aceitar a vontade de Deus, ver o Senhor por trás de cada acontecimento. Com esta receita, sereis felizes, alegres, serenos.

Alegres na esperança 112

Minhas filhas e meus filhos, quero-vos muito felizes, alegres na esperança. Porque sabemos que o Senhor terá, por fim, misericórdia da sua Igreja. Mas, se esta situação se prolongar, teremos de recorrer muito ao remédio do perdão que acabo de vos dar; um remédio que não é meu, porque perdoar é algo completamente sobrenatural,

---

19 2Cor 1, 3.
20 Ef 3, 20.

é um dom divino. Os homens não sabem ser clementes. Nós perdoamos na medida em que participamos da vida de Deus, por meio da vida interior, da vocação, do chamamento divino, a que procuramos corresponder tanto quanto possível.

Perante estas coisas tremendas que acontecem, que havemos de fazer? Zangarmo-nos? Ficar tristes? É preciso rezar, filhos. «*Oportet semper orare et non deficere*»[21]: temos de rezar continuamente, sem desfalecer. Também quando fazemos algum disparate, para que o Senhor nos conceda a sua graça, e voltemos ao bom caminho. O que nunca devemos fazer é abandonar a luta ou o nosso posto por termos feito um disparate ou podermos fazê-lo. Gostaria de vos comunicar a fortaleza, que, em última análise, nasce da humildade, de saber que somos feitos – dir-vos-ei com a frase gráfica de sempre – de barro da terra; ou, sublinhando ainda mais, de uma massa muito frágil: de barro de moringa.

Se procurardes ter esse trato divino e humano de que vos falei antes com a *trindade* da Terra e com a Trindade do Céu, ainda que uma vez por outra cometais uma tolice, e das grandes, sabereis aplicar o remédio com sinceridade, lealmente. Talvez depois seja preciso deixar secar a lama que se colou às asas, e empregar os meios – o bico, como os pássaros – para as limpar bem. E, com uma experiência que nos torna mais decididos e mais humildes, recupera-se a capacidade de voar com mais alegria.

Portanto, filhos da minha alma, lutai e estai contentes! «*Servite Domino in lætitia!*», volto a encarecer-vos. Contagiai esta loucura, rezai pelo mundo inteiro, conti-

---

21 Lc 18, 1.

nuai com esta sementeira de paz e de alegria, de amor mútuo, porque não queremos mal a ninguém. Como sabeis, a prontidão em perdoar faz parte do espírito do Opus Dei. E recordei-vos que, perdoando, também demonstramos que temos o espírito de Deus, porque a clemência – repito – é uma manifestação da divindade. Participando da graça do Senhor, perdoamos a todos e a todos amamos. Mas também temos língua, e devemos falar e escrever quando a honra de Deus e da sua Igreja, e o bem das almas o exigem.

Iterum dico, gaudete: insisto de novo, estai contentes e serenos, ainda que o panorama do mundo, e especialmente o da Igreja, esteja cheio de sombras e de misérias. Comportai-vos com retidão de mente e de conduta; cumpri à letra as indicações que a Obra maternalmente vos dá, pensando unicamente na vossa felicidade temporal e eterna; sede humildes e sinceros; recomeçai com novo ímpeto, se alguma vez tropeçais. Então, a alegria será um fruto – o mais belo – da vossa vida de filhos de Deus, mesmo no meio das maiores contrariedades. Porque a alegria interior, fruto da cruz, é um dom cristão, e especialmente dos filhos de Deus no Opus Dei.

«Que o Deus da esperança vos cumule de toda a sorte de gozo e de paz na vossa fé, para que cresçais sempre mais na esperança, pela virtude do Espírito Santo»[22].

---

22 Rom 15, 13.

Ut videam!, ut videamus!, ut videant!

(25 de dezembro de 1974)[1i]

O mundo está revolto e a Igreja também. Talvez o mundo esteja como está porque a Igreja se encontra assim... Gostaria que tivésseis no centro do coração aquele grito do ceguinho do Evangelho[2], para Ele nos fazer ver as coisas do mundo com segurança e com clareza. Para isso, basta-vos obedecer no pouco que vos mandam, seguindo as indicações que os diretores vos dão. 113

Dizei muitas vezes ao Senhor, procurando a sua presença: *Domine, ut videam*!: Senhor, faz com que eu veja! *Ut videamus*!: que vejamos as coisas claras, no meio desta espécie de revolução, que não o é; é uma coisa satânica... Amemos cada dia mais a Igreja e o Romano Pontífice – que título tão bonito, o de Romano Pontífice! –, e amemos cada dia mais tudo o que Cristo Jesus nos ensinou nos seus anos de peregrinação pela Terra.

Tende muito amor à Santíssima Trindade. Tende um carinho constante pela Mãe de Deus, invocando-a mui-

---

1 [i] Este breve texto provém de uma tertúlia que teve lugar em Villa Tevere, no dia de Natal de 1974, pouco antes das onze da manhã (N. do E.).

2 Cf. Lc 28, 41.

tas vezes. Só assim andaremos bem. Não separeis José de Jesus e de Maria, porque o Senhor uniu-os de maneira maravilhosa. E depois, que cada um cumpra o seu dever, que cada um faça o seu trabalho, que é oração. Todos os instantes da nossa vida são oração. O trabalho, se o fizermos com a ordem devida, não nos tira o pensamento de Deus; reforça-nos o desejo de fazer tudo por Ele, de viver por Ele, com Ele, nele.

Dir-vos-ei o mesmo de sempre, porque a verdade só tem um caminho: Deus está nos nossos corações. Ele tomou posse da nossa alma em graça, e podemos procurá-lo dentro de nós; não só no tabernáculo, onde sabemos que Se encontra verdadeiramente – façamos um ato de fé explícita –, com o seu corpo, o seu sangue, a sua alma e a sua divindade, o Filho de Maria, aquele que trabalhou em Nazaré e nasceu em Belém, que morreu no Calvário, que ressuscitou; aquele que veio à Terra e padeceu tanto por nosso amor. Isto não vos diz nada, meus filhos? Amor! A nossa vida tem de ser de amor; o nosso protesto tem de ser amar, responder com um ato de amor a tudo o que seja desamor, falta de amor.

O Senhor vai empurrando a Obra. Tantas vocações em todo o mundo! Este ano, espero muitas vocações em Itália, como em todo o mundo, mas isso depende, em boa medida, de vós e de mim, de que vivamos uma vida de fé, de que estejamos constantemente unidos – como acabo de dizer – a Jesus, Maria e José.

Meus filhos, parece-vos que estou sério, mas não estou. Estou só um bocadinho cansado.

Diga cada um, por si mesmo e pelos outros: *Domine, ut videam*!: Senhor, que eu veja; que eu veja com os olhos da minha alma, com os olhos da fé, com os olhos da obediência, com a limpeza da minha vida. Que eu veja com a minha inteligência, para defender o Senhor em todos os ambientes do mundo, porque em todos eles há uma revolta que visa expulsar Cristo, até de sua casa.

O demónio existe e trabalha muito. O demónio tem um empenho particular em desfazer a Igreja e nos roubar a alma, em nos afastar do nosso caminho divino, de cristãos que querem viver como cristãos. Vós e eu temos de lutar, meus filhos, todos os dias. Teremos de lutar até ao último dia da nossa vida! Quem não o fizer, não somente sentirá no fundo da sua alma um grito que lhe recordará que é um cobarde – *Domine, ut videam!*, *ut videamus!*, *ut videant!*, peço por todos, fazei vós o mesmo –, mas compreenderá que vai ser infeliz e tornar infelizes os outros; porque tem obrigação de enviar a todos a ajuda do seu bom espírito e, se tiver mau espírito, enviar-nos-á sangue podre, um sangue que não deveria vir até nós.

Padre, o Padre tem chorado? Um pouco, porque todos os homens choram de vez em quando. Não sou chorão, mas, vez por outra, choro. Não vos envergonheis de chorar: só os animais é que não choram. Não vos envergonheis de amar: temos de nos querer com todo o coração, pondo entre nós o coração de Cristo e o coração dulcíssimo de Santa Maria. E assim, deixa de haver medo. Vamos querer-nos bem, tratar-nos com afeto. Que ninguém se sinta só!

Meus filhos, amai a todos. Nós não queremos mal a ninguém; mas o que é verdade, e era verdade ontem, e era verdade há vinte séculos, continua a ser verdade hoje! O que era falso não pode converter-se em verdadeiro. O que era um vício não passou a ser uma virtude. Não posso dizer o contrário. Continua a ser um vício!

Meus filhos, apesar deste prelúdio, tenho de vos repetir que estejais alegres. O Padre está muito contente, e quer que as suas filhas e os seus filhos de todo o mundo estejam muito contentes. Insisto: invocai no vosso coração, com um trato constante, a *trindade* da Terra, Jesus, Maria e José, para que estejamos perto dos três, e possamos vencer todas as coisas do mundo, e todas as ciladas de Satanás. Desta maneira, cada um de nós será uma ajuda para todos os que fazem parte desta grande família do Opus Dei, que é uma família que trabalha. Quem não trabalha tem de perceber que não está a fazer bem... Um trabalho que não é somente humano – somos homens, tem de ser um trabalho humano –, mas sobrenatural, porque nunca nos falta a presença de Deus, o trato com Deus, a conversa com Deus. Com São Paulo, diremos que a nossa conversa está nos Céus.

Portanto, meus filhos, o Padre está contente. O Padre tem coração e dá graças a Deus Nosso Senhor por lho ter concedido. Por isso, posso amar-vos, e amo-vos – bem o sabeis – com todo o coração. Vamos dizer, todos unidos, esta jaculatória: *Domine, ut videam*!: que cada um veja. *Ut videamus*!: que nos lembremos de pedir que os outros vejam. *Ut videant*!: que peçamos a luz divina para todas as almas sem exceção.

Os caminhos de Deus

(19 de março de 1975)[1i]

Esta noite, pensei em diversas coisas de há muitos anos. Eu digo sempre que sou jovem, e é verdade: «*ad Deum qui lætificat iuventutem meam*!»[2]. Sou jovem com a juventude de Deus. Mas já são muitos anos. Disse-o esta manhã, na oração, aos vossos irmãos do Conselho. 114

Pela mão de Deus

O Senhor fez-me ver que me levou sempre pela mão. Eu tinha catorze ou quinze anos quando comecei a pressentir o amor, a perceber que o coração me pedia algo grande e que fosse amor. Vi com clareza que Deus queria alguma coisa, mas não sabia o que era. Por isso, falei com o meu pai e disse-lhe que queria ser sacerdote. Ele não esperava essa saída. Foi a única vez – já vo-lo contei noutras ocasiões – em que vi lágrimas nos seus olhos. Respondeu-

---

1 [i] São Josemaria pronunciou estas palavras na sala de leitura de Cavabianca, a nova sede do Colégio Romano da Santa Cruz, localizado nos arredores de Roma, na festa de São José de 1975 (N. do E.).

2 Sl 42, 4: «ao Deus que alegra a minha juventude».

-me: olha, meu filho, se não for para seres um sacerdote santo, porque queres sê-lo? Mas não me oporei ao que desejas. E levou-me a falar com um amigo seu, para que me orientasse.

Eu não sabia o que Deus queria de mim, mas era – evidentemente – uma escolha. Algum dia havia de vir o que fosse... Enretanto, percebia que não servia, e proferia essa ladainha que não é de falsa humildade, mas de conhecimento próprio: não valho nada, não tenho nada, não posso nada, não sou nada, não sei nada... Escrevi-vos isto muitas vezes! Tendes impressas muitas coisas destas.

Na oração, o Paco Vives lia um desses volumes de meditações que utilizamos habitualmente e que, com uma pequena correção de estilo, são maravilhosos. E dei graças a Deus porque temos esse instrumento, e fui vendo muitas coisas. Vi o caminho que percorremos, a maneira como o percorremos, e fiquei pasmado. Porque, efetivamente, mais uma vez se cumpriu o que diz a Escritura: o que é néscio, o que não vale nada, o que – pode dizer-se assim – nem sequer existe..., o Senhor pega em tudo isso e coloca-o ao seu serviço. E foi assim que pegou naquela criatura como instrumento seu. Não tenho motivo algum de soberba.

Deus fez-me passar por muitas humilhações, por aquilo que me parecia uma vergonha, e que agora vejo que eram as virtudes dos meus pais. Digo-o com alegria. O Senhor tinha de me preparar; e, como o que estava ao meu redor era o que mais me doía, batia nisso. Foram humilhações de todo o tipo, mas enfrentadas com fidalguia cristã; vejo-o agora, e cada dia com mais clareza, com mais agradecimento ao Senhor, aos meus pais, à minha irmã Carmen... Já vos contei a história do meu irmão Santiago, que também está relacionada com a Obra. Perdoai-me se vos falo disto.

A fortaleza da Obra 115

O que se faz quando se quer conseguir alguma coisa? Utilizam-se meios humanos. De que meios me servi eu? Não me portei bem. Até fui cobarde... Por isso, não vos zangueis quando vos chamo cobardes; é que eu conheço o material, o vosso barro e o meu.

O tempo foi passando. Fui procurar fortaleza aos bairros mais pobres de Madrid. Passava horas e horas por toda a parte, todos os dias, a pé de um lado para outro, entre pobres envergonhados e pobres miseráveis, que não tinham nada de nada; entre crianças com o ranho até à boca, sujas, mas crianças, o que quer dizer que eram almas agradáveis a Deus. Como se indigna a minha alma de sacerdote quando oiço dizer que as crianças pequenas não devem confessar-se! Não é verdade! Têm de fazer a sua confissão pessoal, auricular e secreta, como os outros. E que bem, que alegria! Foram muitas horas nessa tarefa, mas tenho pena de não terem sido mais. E nos hospitais, e nas casas onde havia doentes, se é que se pode chamar casas àqueles tugúrios... Eram gente desamparada e doente; alguns, com uma doença que na altura era incurável, a tuberculose.

De modo que fui procurar os meios para fazer a Obra de Deus a todos esses sítios. Entretanto, trabalhava e formava os primeiros que tinha à minha volta. Havia uma representação de quase tudo: universitários, operários, pequenos empresários, artistas... Naquela altura, eu não sabia que quase nenhum deles haveria de perseverar;

mas o Senhor sabia que o meu pobre coração – fraco, cobarde – precisava dessa companhia e dessa fortaleza.

Foram uns anos intensos, em que o Opus Dei crescia para dentro sem nós percebermos. Mas quis dizer-vos – hão de contar-vos isto com mais detalhes, com documentos e papéis – que a fortaleza humana da Obra foram os doentes dos hospitais de Madrid: os mais miseráveis; os que viviam em suas casas, perdida já a última esperança humana; os mais ignorantes daqueles bairros da periferia.

Não vim pregar, mas abrir um pouco o meu coração convosco. Quase nunca o faço e sei que, se uma vez ou outra o abro, Deus Se servirá disso para vosso bem e meu bem.

Estas são as ambições do Opus Dei, os meios humanos de que nos servimos: doentes incuráveis, pobres abandonados, crianças sem família e sem cultura, lares sem fogo, sem calor e sem amor. E formar os primeiros que vinham, falando-lhes com total segurança de tudo o que se faria, como se já estivesse feito... E agora sois vós que estais a fazê-lo! Há muita coisa feita, sem dúvida, mas ainda é pouco.

Agora, Senhor, quero dar-Te graças diante destes filhos, porque há material e formação suficiente para que o caminho da Obra não seja deturpado, para que não se perca o bom espírito. Foi à volta disto que andámos hoje de manhã, na oração, dando graças e dizendo: Senhor, quase cinquenta anos de trabalho, e eu não soube fazer nada; foi tudo feito por Ti, apesar de mim, apesar da minha falta de virtude, apesar de...

Não estou a fazer uma comédia, meus filhos. O Padre está a falar com o Senhor. Quantas graças temos de Lhe dar, quantas graças!

E depois, Deus levou-nos pelos caminhos da nossa vida interior, por caminhos específicos. Que procurava eu? *Cor Mariæ Dulcissimum, iter para tutum!*[3] Procurava o poder da Mãe de Deus, como um filho pequeno, orientando-me por caminhos de infância. E recorria a São José, meu Pai e Senhor; interessava-me vê-lo poderoso, poderosíssimo, chefe daquele clã divino, e a quem o próprio Deus obedecia: «*erat subditus illis*!»[4]. E recorria à intercessão dos santos com simplicidade, num latim arrevesado, mas piedoso: *Sancte Nicolaë, curam domus age!*[5] E à devoção aos santos anjos da guarda, porque foi num dia 2 de outubro que tocaram os sinos de Nossa Senhora dos Anjos, uma paróquia madrilena junto a Cuatro Caminos...[6*] Eu estava num edifício que desapareceu quase por completo, como aconteceu com aqueles sinos; só resta um, que foi colocado em Torreciudad. Eu recorria aos santos anjos com confiança, com puerilidade, sem perceber que Deus me conduzia – vós não tendes de me imitar, viva a liberdade! – por caminhos de infância espiritual. 116

Que pode fazer uma criatura que tem de se desempenhar de uma missão, se não tem meios, nem idade, nem ciência, nem virtudes, nem nada? Vai ter com a sua mãe e o seu pai, recorre a quem pode alguma coisa, pede ajuda

---

3 Coração Dulcíssimo de Maria, prepara-nos um caminho seguro!

4 Lc 2, 51.

5 São Nicolau, cuida da nossa casa!

6 * Conhecida praça de Madrid, ponto de confluência de várias avenidas, numa das quais, a avenida Bravo Murillo, fica situada a igreja de Nossa Senhora dos Anjos, cujos sinos tocavam no momento em que o Fundador *viu* o Opus Dei (N. do T.).

aos amigos... Foi o que eu fiz na vida espiritual. E fi-lo, marcando o compasso a golpe de disciplinas. Mas nem sempre; havia temporadas em que não as usava.

Meus filhos, estou a contar-vos um pouquinho do que foi a minha oração desta manhã, para me encher de vergonha e agradecimento, e de mais amor. Tudo o que foi feito até agora – na Europa, na Ásia, em África, na América e na Oceânia – é muito, mas é pouco. Tudo é obra de Jesus, Senhor nosso. Foi tudo feito pelo nosso Pai do Céu.

Se alguns que são gente adulta, gente feita, gente culta, me ouvissem falar assim, diriam: este homem está louco! Pois sim, estou louco. *Deo gratias*! Dou graças a Nosso Senhor por esta loucura de amor, que muitas vezes não *sinto*, meus filhos. Até falando humanamente, sou o homem menos só da Terra; sei que rezam por mim em toda a parte, para que seja bom e fiel. E, contudo, às vezes sinto-me tão só... Nunca me faltaram, oportunamente, de modo providencial e constante, irmãos vossos que – mais do que filhos – foram para mim como pais, quando precisei do consolo e da fortaleza de um pai.

Meus filhos, toda a nossa fortaleza é emprestada. Vamos lutar! Não alimenteis ilusões. Se lutarmos, tudo andará. Tendes diante de vós tanto caminho percorrido que já não podeis enganar-vos. Com o que fizemos no terreno teológico – uma teologia nova, meus queridos, e da boa – e no terreno jurídico; com o que fizemos com a graça do Senhor e da sua Mãe, com a providência do nosso Pai e Senhor São José, com a ajuda dos anjos da guarda, já não podeis enganar-vos, a não ser que sejais uns malvados.

Vamos dar graças a Deus. E já sabeis que eu não sou necessário. Nunca fui.

Vamos! Porque estais tão calados? Falai vós.

A primeira residência 117

Esta casa está a ficar muito bonita, não está? Reparai como Deus, com a sua providência, teve detalhes paternos e maternos maravilhosos connosco. No princípio da Obra, eu pensei – e escrevi – que nem de longe haveria mulheres no Opus Dei. Nessa altura, recorri aos meios humanos que eram lógicos para resolver o assunto da administração dos nossos centros. Andei à procura de uma espécie de vocações que servissem... Não se tratava de irmãos leigos, porque não podiam ser monges; tinha de ser outra coisa. Ai, meu Deus! Saía da frigideira e caía no lume; ou pior. Depois, fomos à procura de cozinheiras, e também não resultou. Então, procurei um cozinheiro.

As obras corporativas vieram depois. As obras corporativas não são o essencial na Obra; o essencial é cada um viver à solta, seja onde for, portando-se como um filho de Deus em todos os momentos, e vivendo de amor, trabalhando por amor e sentindo-se sempre amparado por esse amor, por essa fortaleza de Deus.

Pois bem, era a primeira refeição que fazíamos na primeira residência, que não foi a primeira obra corporativa. O primeiro prato foi um arroz *à cubana*, que é arroz branco com banana frita. Estava muito bom. Mas de repente ouvi uma voz e perguntei: quem está na cozinha? O cozinheiro, responderam-me. *Mamma mia*! Chamei-o, fui muito amável com ele, mas disse-lhe que sentia muito, que lhe pagaria aquilo a que tinha direito e que fosse procurar outro emprego, porque nós não estávamos em condições de ter um cozinheiro...

Quantas coisas soltas! A primeira obra corporativa foi a Academia a que chamávamos DYA – Direito e Arquitetura – porque dávamos aulas dessas duas matérias; mas para nós significava Deus e Audácia. Há pouco tempo, passámos diante do edifício, e o coração bateu-me com força... Quantos sofrimentos! Quantas contrariedades! Quanta charlatanice! Quantas mentirolas!... Levei para lá uns móveis da minha mãe e outras coisas que me foram dadas por uma amiga da família, a quem chamávamos Conchita, *a gorda*. Algumas coisas eram demasiado grandes; dividi-as em duas e levei-as para o asilo de Porta Cœli, onde dirigia, carinhosa e afetuosamente, os pivetes que ali estavam internados. Uma vez partidas, aquelas coisas tornavam-se, por assim dizer, mais humanas e, além disso, ficávamos com o dobro de tudo.

Todos os dias, quando saía da casa da minha mãe, o meu irmão Santiago vinha meter-me as mãos nos bolsos e perguntava-me: o que levas para o teu ninho? E, desde então, todos fizemos a mesma coisa: trazer para o nosso *ninho* o que podíamos, para serviço de Deus, para construir o nosso pequeno lar em cada sítio. Tantos lares que são um só, como somos muitos corações e temos um só coração, uma só mente, um só querer, uma só vontade, com esta obediência bendita, cheia de voluntariedade e de liberdade. Não quero que ninguém se sinta coagido; e, se sentir, que seja apenas pela coação do amor, pela coação de saber que nunca corresponderemos suficientemente ao amor que Jesus teve por nós, quando nos procurou. «*Redemi te, et vocavi te nomine tuo, meus es tu*!»[7].

Como um luzeiro

Nunca vacileis! Digo a cada um de vós – e não conheço os vossos problemas pessoais, mas as almas têm um

7 Is 43, 1: «Redimi-te e chamei-te pelo teu nome, tu és meu!».

paralelismo tremendo, ainda que sejam diferentes – que tendes vocação divina, que Cristo Jesus vos chamou desde a eternidade. Não só vos apontou com o dedo, como vos beijou na fronte. Por isso, para mim, a vossa cabeça brilha como um luzeiro.

Isto do luzeiro também tem a sua história... São es- 118
sas grandes estrelas que cintilam durante a noite, lá em cima, nas alturas, no céu azulado e escuro, como grandes diamantes de um fulgor fabuloso. E a vossa vocação é igualmente clara; a de cada um de vós e a minha. Eu, que sou muito miserável e ofendi muito a Nosso Senhor, que não soube corresponder e fui um cobarde, tenho de agradecer a Deus por nunca ter duvidado da minha vocação, nem da divindade da minha vocação. Vós também não deveis duvidar. Senão, não estaríeis aqui. Agradecei-o ao Senhor.

Quando passarem os anos, e eu já tiver ido prestar contas a Deus – «*da mihi rationem villicationis tuæ*»[8]: presta-me contas da tua administração... Era muito jovem quando escrevi – e repeti-lo-ei agora, com sabor de mel – que Jesus não será meu juiz, nem vosso; será Jesus, um Deus que perdoa.

Esta casa é um dos muitos pontos de ignição que acendereis no mundo. Vedes como nascem, contribuís trabalhando umas tantas horas, como os outros operários. Foi assim que fizemos sempre. Neste momento, invoco o Chiqui – que hoje celebrava o seu onomástico – para que se associe aos outros que já estão na casa do Céu; o Senhor gostará de que o tenha presente.

---

8 Lc 16, 2.

Naquele tempo, tínhamos muito poucos móveis. Tínhamos roupa, que uns grandes armazéns me tinham vendido a crédito, para pagar quando pudesse, mas não tínhamos armários para a guardar. Por isso, estendemos uns jornais no chão, com muito cuidado, e pusemos a roupa em cima; era uma quantidade imensa – na altura, parecia-me uma quantidade imensa, hoje parecer-me-ia pouquíssima – e pusemos mais papéis por cima, para a proteger do pó. As circunstâncias mudaram um pouco, não foi? Agora podeis mais, contais com mais recursos.

Trouxe uma caldeirinha com água benta e um hissope da Reitoria de Santa Isabel. A minha irmã Carmen tinha-me feito um roquete esplêndido, com um grande encaixe em renda, feita por ela com bilros. Também trouxe de Santa Isabel uma estola e o ritual, e fui benzendo a casa vazia, com grande solenidade e alegria, com uma segurança!... O nosso maior sonho era instalar o oratório, coisa que agora vos parece tão fácil, não é verdade, meus filhos? E é fácil porque conseguimos, há muitos anos, ter juridicamente o direito de instalar oratórios semipúblicos com Nosso Senhor reservado. Mas naquele tempo não tínhamos direito a nada.

Era necessário colocar sobre o sacrário uma espécie de baldaquino – fizemo-lo de madeira – forrado com tecido, porque a Igreja ordena que o sacrário seja coberto quando está instalado nujm local por cima do qual mora gente. O pobre Chiqui chegou em boa altura. Eu, que não o conhecia, disse-lhe: ótimo, Chiqui, muito bem! Toma, pega neste martelo e nuns pregos, e vai ali pregar isto... Foi por aí que ele começou. O Chiqui era um *menino bem*, tal como D. Álvaro.

Meus filhos, como vedes recorremos a meios divinos; meios que, para as pessoas da Terra, não são proporcionais. Percebo agora que assim foi; mas, naquela altura, não me apercebia de que era o Espírito Santo quem nos levava e nos trazia. Nunca estamos sós; temos um Mestre e um Amigo.

Bom, vamos dar a bênção. Álvaro, ajuda-me.

Consumados na unidade

(27 de março de 1975)[1i]

«*Adauge nobis fidem*!»[2]: aumenta-nos a fé! Era isto que eu estava a dizer ao Senhor. Ele quer que Lhe peça que nos aumente a fé. Amanhã não vos direi nada; e agora não sei o que vos vou dizer... Que me ajudeis a dar graças a Nosso Senhor por este cúmulo imenso, enorme, de favores, de providências, de carinho..., de pauladas!, que também são carinho e providência. Senhor, aumenta-nos a fé! Como sempre, antes de nos pormos a falar intimamente contigo, recorremos à nossa Mãe do Céu, a São José, aos anjos da guarda. 119

Como uma criança que balbucia 120

Passados cinquenta anos, estou como uma criança que balbucia; estou a começar e a recomeçar todos os dias. E será assim até ao fim dos dias que me restem:

---

1 [i] No dia 27 de março de 1975, Quinta-Feira Santa e véspera das suas Bodas de Ouro sacerdotais, São Josemaria fez a sua oração em voz alta no oratório de Pentecostes, na Sede Central do Opus Dei. É essa oração que aqui se regista (N. do E.).

2 Lc 17, 5.

sempre a recomeçar. O Senhor quer que assim seja, para que não haja motivos de soberba, nem de néscia vaidade, em nenhum de nós. Temos de estar pendentes dele, dos seus lábios, com o ouvido atento, com a vontade tensa, disposta a seguir as inspirações divinas.

Um olhar para trás... Um panorama imenso: tantas dores, tantas alegrias. E agora, tudo são alegrias, tudo alegrias... Porque temos a experiência de que a dor é o martelar do Artista, que quer fazer de cada um de nós, desta massa informe que somos, um crucifixo, um Cristo, o *alter Christus* que temos de ser.

Senhor, obrigado por tudo. Muito obrigado! Já Te agradeci, e agradeço-Te habitualmente. Antes de repetir esse grito litúrgico – *Gratias tibi, Deus, gratias tibi*![3] –, vinha a dizer-To com o coração. E agora são muitas as bocas, muitos os peitos que Te repetem o mesmo em uníssono: *Gratias tibi, Deus, gratias tibi*! Pois só temos motivos para dar graças. Não devemos afligir-nos com nada; não devemos preocupar-nos com nada; não devemos perder a serenidade por nenhuma coisa do mundo. Tenho-o dito, nestes dias, aos que chegam de Portugal[4ii]: serenos, serenos! E eles estão serenos. Dá serenidade aos meus filhos; que não a percam, nem sequer quando cometerem um erro de peso. Se perceberem que o cometeram, isso já é uma graça, uma luz do Céu.

Gratias tibi, Deus, gratias tibi! A vida de cada um de nós tem de ser um cântico de ação de graças, porque... como se fez o Opus Dei? Foste Tu que o fizeste, Senhor,

---

3 Obrigado, meu Deus, obrigado!

4 [ii] Desde o golpe militar de 25 de abril de 1974, Portugal atravessava uma situação turbulenta, que, em 1976, evoluiu para um regime democrático (N. do E.).

com quatro gatos pingados... «*Stulta mundi, infirma mundi, et ea quæ non sunt*»[5]. Toda a doutrina de São Paulo se cumpriu: procuraste meios completamente ilógicos, nada aptos, e estendeste o trabalho pelo mundo inteiro. E dão-Te graças em toda a Europa, e em pontos da Ásia e de África, em toda a América e na Oceânia. Em toda a parte Te dão graças.

Que Te olhem, que Te procurem, que Te amem 121

Neste tabernáculo tão belo, que os meus filhos fizeram com tanto carinho, e que pusemos aqui quando não tínhamos dinheiro nem para comer; nesta espécie de alarde de luxo, que me parece uma miséria, e realmente é, para Te guardar a Ti, mandei colocar dois ou três detalhes. O mais interessante é a frase que está sobre a porta: *Consummati in unum*![6] Porque é como se estivéssemos todos aqui, presos a Ti, sem Te abandonar, nem de dia nem de noite, num cântico de ação de graças e – porque não? – de petição de perdão. Penso que Te aborreces quando Te digo isto. Tu perdoaste-nos sempre, estás sempre disposto a perdoar os erros, os desacertos, o fruto da sensualidade ou da soberba.

Consummati in unum! Para reparar..., para agradar..., para dar graças, que é uma obrigação capital. Não é uma obrigação deste momento, de hoje, do tempo que se cumpre amanhã, não. É um dever constante, uma mani-

---

5 1Cor 1, 28: «[Deus escolheu] o que é vil e desprezível do mundo, o que não é nada».

6 Jo 17, 23: «Consumados na unidade».

festação de vida sobrenatural, um modo humano e divino ao mesmo tempo de correspondermos ao teu amor, que é divino e humano.

Sancta Maria, Spes nostra, Sedes sapientiæ![7] Concede-nos a sabedoria do Céu, para que nos comportemos de modo agradável aos olhos do teu Filho, do Pai, e do Espírito Santo, único Deus que vive e reina pelos séculos sem fim.

São José, não te posso separar de Jesus e de Maria. São José, por quem sempre tive devoção, compreendo que devo amar-te cada dia mais e proclamá-lo aos quatro ventos, porque é assim que os homens exprimem o amor: dizendo «amo-te»! São José, nosso Pai e Senhor, em quantos sítios não te terão repetido já a estas horas, invocando-te, esta mesma frase, estas mesmas palavras! São José, nosso Pai e Senhor, intercede por nós.

A vida cristã nesta Terra paganizada, nesta Terra enlouquecida, nesta Igreja que não parece a tua Igreja, porque parece que está tudo louco – as pessoas não ouvem, dão a impressão de não se interessarem por Ti; não já de não Te amarem, mas de não Te conhecerem, de Te esquecerem –, esta vida que, se é humana – repito-o –, para nós tem de ser também divina, será divina se fomentarmos muito o trato contigo. E fomentaríamos o trato contigo por muito esforço que tivéssemos de fazer para Te ver, por muitas audiências que tivéssemos de pedir. Mas não temos! Tu és tão omnipotente, também na tua misericórdia, que, sendo o Senhor dos Senhores e o Rei dos que dominam, Te humilhas a ponto de esperares como um pobrezinho que Se aproxima do limiar da nossa por-

---

7 Santa Maria, esperança nossa, sede da sabedoria.

ta. Não somos nós que esperamos; és Tu que esperas por nós constantemente.

Esperas por nós no Céu, no paraíso. Esperas por nós na hóstia santa. Esperas por nós na oração. És tão bom que, quando estás aí escondido por amor, oculto sob as espécies sacramentais – e eu creio firmemente que assim é –, permanecendo real, verdadeira e substancialmente, com o teu corpo e o teu sangue, com a tua alma e a tua divindade, também está presente a Santíssima Trindade: o Pai, o Filho e o Espírito Santo. Além disso, pela inabitação do Paráclito, Deus encontra-Se no centro da nossa alma, vem à nossa procura. Todos os dias se repete, de algum modo, a cena de Belém; e é possível que tenhamos dito, não com a boca, mas com as obras, «*non est locus in diversorio*»[8]: não há lugar para Ti na pousada do meu coração. Ai, Senhor, perdoa-me!

Adoro o Pai, o Filho, o Espírito Santo, Deus único. Não compreendo essa maravilha que é a Trindade, mas Tu puseste na minha alma ânsias, fome de crer. Creio! Quero crer como quem mais crê. Espero! Quero esperar como quem mais espera! Amo! Quero amar como quem mais ama.

Tu és quem és: a suma bondade. Eu sou quem sou: o último trapo sujo deste mundo podre. E, no entanto, Tu olhas-me..., procuras-me..., e amas-me. Senhor, que os meus filhos Te olhem, Te procurem e Te amem. Senhor, que eu Te procure, que Te olhe, que Te ame.

Olhar é pôr os olhos da alma em Ti, com ânsias de Te compreender, na medida em que – com a tua graça – a razão humana pode conhecer-Te. Conformo-

---

8 Lc 2, 7.

-me com essa pequenez. E, quando vejo que entendo tão pouco a tua grandeza, a tua bondade, a tua sabedoria, o teu poder, a tua formosura..., quando vejo que entendo tão pouco, não me entristeço; alegro-me por seres tão grande que não cabes no meu pobre coração, na minha cabeça miserável. Meu Deus! Meu Deus!... Mesmo que não saiba dizer-Te outra coisa, já é bastante. Meu Deus! Toda essa grandeza, todo esse poder, toda essa formosura..., minha! E eu... dele!

122 **Na Terra e no Céu**

Faço por chegar à Trindade do Céu pela *trindade* da Terra: Jesus, Maria e José. É como se estivessem mais acessíveis. Jesus, que é *perfectus Deus* e *perfectus Homo*[9]. Maria, que é uma mulher, a mais pura criatura, a maior; mais do que Ela, só Deus. E José, que vem logo depois de Maria, limpo, varonil, prudente, íntegro. Ó meu Deus, que modelos! Só de olhar para eles, dá-me vontade de morrer de pena, porque eu, Senhor, tenho-me portado tão mal... Não tenho sabido estar à altura das circunstâncias, divinizar-me. E Tu deste-me todos os meios; e dás-mos, e continuarás a dar-mos... Porque é à maneira divina que temos de viver humanamente na Terra.

Temos de estar – e tenho consciência de vo-lo ter dito muitas vezes – sempre no Céu e na Terra. Não é *entre* o Céu e a Terra, porque somos do mundo, mas no mundo e no Paraíso ao mesmo tempo! Esta é a fórmula, por assim dizer, que exprime de que modo devemos compor a nossa

---

9 Passagem do Símbolo Atanasiano: «perfeito Deus, perfeito Homem».

vida enquanto permanecemos *in hoc sæculo*[10]. No Céu e na Terra, endeusados; mas sabendo que somos do mundo e que somos terra, com a fragilidade própria do que é terra: um pote de barro que o Senhor Se dignou aproveitar para o seu serviço. E, quando ele se quebrou, recorremos aos famosos grampos, como o filho pródigo: «Pequei contra o Céu e contra Ti...»[11]. Quer se tratasse de uma coisa de vulto, quer de algo pequeno. Às vezes, dói-nos muito, muito, uma falha pequena, um desamor, um não saber olhar para o Amor dos amores, um não saber sorrir. Porque, quando se ama, não há coisas pequenas; tudo tem muita importância, tudo é grande, mesmo numa criatura miserável e pequena como eu, como tu, meu filho.

O Senhor quis depositar em nós um tesouro riquíssimo. Estou a exagerar? Não, disse pouco. Disse pouco agora, porque antes disse mais. Recordei que em nós habita Deus, Senhor Nosso, com toda a sua grandeza. Nos nossos corações há habitualmente um Céu. E não vou continuar.

> *Gratias tibi, Deus, gratias tibi, vera et*
> *una Trinitas, una et summa Deitas,*
> *sancta et una Unitas*![12]

Que a Mãe de Deus seja para nós *Turris Civitatis*[13iii], a torre que vela pela cidade; a cidade que é cada um, com

---

10 Neste mundo.

11 Lc 15, 21.

12 Obrigado, meu Deus, obrigado, Trindade una e verdadeira, Deus sumo e uno, Unidade una e santa!

13 [iii] Alusão a Nossa Senhora de Torreciudad, cujo santuário – promovido por São Josemaria – estava nessa altura a ser construído em Aragão, estando quase concluído (N. do E.).

muitas coisas que vão e vêm dentro de nós, com muito movimento e ao mesmo tempo com tanta quietude; com tanta desordem e com tanta ordem; com tanto ruído e com tanto silêncio; com tanta guerra e com tanta paz.

Sancta Maria, Turris Civitatis, ora pro nobis!
Sancte Joseph, Pater et Domine, ora pro nobis!
Sancti angeli custodes, orate pro nobis![14]

14 Santa Maria, Torre da Cidade, rogai por nós! São José, Pai e Senhor, rogai por nós! Santos anjos da guarda, rogai por nós!

Glossário

14 de fevereiro

Data em que, em 1930, São Josemaria compreendeu que Deus queria que houvesse mulheres na Obra. E em que, em 1943, fundou a Sociedade Sacerdotal da Santa Cruz.

2 de outubro

Data em que, em 1928, São Josemaria fundou o Opus Dei.

Academia DYA

Primeira iniciativa apostólica do Opus Dei, inaugurada em 1933, em Madrid. Era um centro de formação educativa e cultural, onde também se davam aulas de conteúdo espiritual e doutrinal. Foi um precedente da formação que, com o tempo, seria dada nos centros do Opus Dei de todo o mundo.

Assessoria Central

Conselho, com sede em Roma, que ajuda o Prelado do Opus Dei no governo das atividades de mulheres em todo o mundo.

Assessoria Regional

Conselho de cada região, que ajuda o prelado e a Assessoria Central no governo das atividades de mulheres nesse território.

Centro

Entidade erigida como tal pela Prelatura, dirigida por um conselho local, designado pelo vigário regional.

Centro de estudos

Centros onde os fiéis da Obra recebem uma formação cristã mais intensa.

Centros de formação

Quando São Josemaria utiliza esta expressão nestas meditações, refere-se aos centros de estudos ou aos colégios romanos.

Colégios romanos

O Colégio Romano da Santa Cruz é o seminário internacional da Prelatura. Foi erigido por São Josemaria em Roma, em 1948, com a missão de proporcionar aos fiéis de todo o mundo (homens) uma intensa formação teológica e espiritual. O Colégio Romano de Santa Maria, que também funciona em Roma, é um centro similar, destinado às mulheres da Prelatura.

Comissão Regional

Conselho de cada região, que ajuda o Prelado e o Conselho Geral no governo das atividades de homens nesse território.

Compromisso de amor

Expressão frequentemente usada por São Josemaria para se referir ao compromisso que os membros adquiriram com a Prelatura.

Confissão

Além de sacramento, a confissão é também uma oportunidade de acompanhamento espiritual por parte do confessor.

Conselho Geral

Conselho, com sede em Roma, que ajuda o Prelado do Opus Dei no governo das atividades de homens em todo o mundo.

Conversa fraterna

Conversa de carácter espiritual que se recomenda a todos os fiéis do Opus Dei. É um dos modos de receber conselho e orientação espiritual, para melhorar a vida de oração, progredir nas virtudes, afinar a fidelidade ao Espírito da Obra, desempenhar melhor a própria tarefa de apostolado, etc.

Cooperadores

Pessoas que, sem serem membros do Opus Dei, ajudam de diversas formas os seus apostolados.

Correção fraterna

Ensinada por Cristo (Cf. Mt 18, 15), é no Opus Dei uma advertência afetuosa e fraterna de uma pessoa a outra, realizada com a máxima delicadeza, depois de se aconselhar com o diretor, para ajudar a corrigir um hábito ou uma falta externa, ou a progredir numa virtude.

Diretores

Pessoas nomeadas pelo Prelado para o ajudar no governo central ou regional do Opus Dei; a nível local, pessoas que recebem o encargo de organizar as atividades de um centro.

Fidelidade

Compromisso que alguns membros do Opus Dei adquirem para toda a vida, ao cabo de pelo menos cinco anos de incorporação na Prelatura.

Normas

As normas de piedade, normas do plano de vida, ou simplesmente normas, são o conjunto de práticas de piedade (como a Santa Missa, a oração mental, o terço, a leitura espiritual, etc.) vividas habitualmente pelos fiéis do Opus Dei, que os ajudam a manter um diálogo contínuo com Deus no meio dos suas ocupações.

Obras corporativas

Também chamadas obras de apostolado corporativo, são iniciativas apostólicas de natureza civil promovidas por fiéis leigos e apoiadas pelo Opus Dei, que se torna responsável pela sua orientação cristã. Têm, em geral, carácter educativo ou assistencial e, sempre, uma finalidade evangelizadora.

Obra de São Gabriel

Trabalho apostólico levado a cabo pelo Opus Dei com pessoas adultas, encomendado ao patrocínio do arcanjo São Gabriel e de São Paulo.

Obra de São Rafael

Trabalho apostólico levado a cabo pelo Opus Dei com jovens, encomendado ao patrocínio do arcanjo São Rafael e de São João. Os rapazes de São Rafael são jovens que participam nestes apostolados.

Oração preparatória

Palavras que são Josemaria usava para começar os tempos de oração mental: «Meu senhor e meu Deus, creio firmemente que estás aqui, que me vês, que me ouves. Adoro-Te com profunda reverência. Peço-Te perdão dos meus pecados, e graça para fazer com fruto este tempo de oração. Minha Mãe imaculada, São José, meu Pai e Senhor, anjo da minha guarda, intercedei por mim».

Patronato de Santa Isabel

Em dezembro de 1934, São Josemaria foi nomeado reitor do Real Patronato de Santa Isabel, em Madrid, que incluía um colégio dirigido por religiosos da Assunção e um mosteiro de Agustinas Recoletas, do qual já era capelão desde 1931.

Presidente Geral do Opus Dei

Expressão que designava, antes de 1982, a pessoa que presidia ao Opus Dei (São Josemaria Escrivá até 1975 e o beato Álvaro del Portillo entre 1975 e 1982).

Região

Circunscrição do Opus Dei governada por um vigário regional, designado pelo Prelado. Coincide frequentemente com um país.

Santa Isabel

Convento e igreja do bairro de Atocha (Madrid) que são Josemaria atendeu sacerdotalmente entre 1931 e 1945.

Santiago Escrivá (1919-1994)

Irmão de São Josemaria, cujo nascimento ele sempre considerou uma resposta de Deus às suas orações para que os seus pais tivessem um filho homem, uma vez que ele já tinha decidido ser sacerdote.

Secção de mulheres

Na prelatura do Opus Dei, há unidade de vocação, de espírito, de missão e de governo, mas homens e mulheres desenvolvem separadamente os seus próprios apostolados e os seus meios de formação. Neste sentido, pode dizer-se que no Opus Dei existem duas secções, uma para homens e outra para mulheres.

Selo da Obra

Uma cruz no interior de um círculo, que representa o mundo.

Sociedade Sacerdotal da Santa Cruz

Associação de clérigos, intrinsecamente unida à Prelatura do Opus Dei, que tem como finalidade promover a santidade entre os sacerdotes seculares, favorecendo um melhor desempenho do seu ministério sacerdotal ao serviço da Igreja, segundo o espírito do Opus Dei.

Trindade da Terra

Modo como alguns autores e artistas designaram, a partir do século XIV, a Sagrada Família.

Villa Tevere

Sede Central do Opus Dei, em Roma, onde se encontra a igreja prelatícia de Santa Maria da Paz.

Votos

Até à ereção do Opus Dei como prelatura pessoal (1982), e enquanto se esperava por uma forma jurídica adequada à sua natureza, a Igreja estabeleceu que no Opus Dei houvesse votos. Durante este período, São Josemaria repetia, para se fazer entender, que o que lhe interessava eram as virtudes, e não os votos.

Índice de textos da Sagrada Escritura

Antigo Testamento

Novo Testamento

Evangelho de São Marcos

Evangelho de São Lucas

Evangelho de São João

Colossenses

I Tessalonicenses

II Timóteo

Hebreus

I Pedro

II Pedro

Índice de Matérias

Direção geral
Renata Ferlin Sugai

Direção editorial
Hugo Langone

Produção editorial
Juliana Amato
Gabriela Haeitmann
Ronaldo Vasconcelos
Roberto Martins

Capa
Gabriela Haeitmann

Diagramação
Sérgio Ramalho

ESTE LIVRO ACABOU DE SE IMPRIMIR
A 19 DE MARÇO DE 2024,
EM PAPEL IVORY SLIM 65 g/m^2.